열두 소예언서 한 권으로 읽기

THE MINOR PROPHETS
열두 소예언서
한 권으로 읽기

안소근 지음

성서와함께

차례

___

들어가며

"정녕 그들은 야곱을 위로하고"(집회 49,10) _8

I. 북 왕국 이스라엘 예언자들
아모스 · 호세아

1___ "이스라엘의 세 가지 죄 때문에"(아모 2,6) _18

2___ "처녀 이스라엘이 쓰러져"(아모 5,2) _27

3___ "내 백성 이스라엘에게 예언하여라"(아모 7,15) _35

4___ "간음을 저지르는 여자를 사랑해 주어라"(호세 3,1) _43

5___ "진실도 신의도 하느님을 아는 예지도"(호세 4,1) _52

6___ "내가 어찌 너를 내버리겠느냐?"(호세 11,8) _61

II 남 왕국 유다 예언자들
미카 · 나훔 · 하바쿡 · 스바니야 · 오바드야

1 "너 에프라타의 베들레헴아"(미카 5,1) _72

2 "그분께서 이미 너에게 말씀하셨다"(미카 6,8) _80

3 "주님은 보복하시는 분"(나훔 1,2) _88

4 "내 하소연에 어떻게 대답하시는지 보리라"

　　(하바 2,1) _97

5 "(그러나) 나는 … 기뻐하리라"(하바 3,18) _106

6 "그날은 분노의 날"(스바 1,15) _114

7 "가난하고 가련한 백성을 남기리니"(스바 3,12) _122

8 "에돔을 두고 이렇게 말씀하신다"(오바 1절) _130

III 귀향 후 예언자들

요엘 · 하까이 · 즈카르야 · 요나 · 말라키

1 "풀무치가 남긴 것은 메뚜기가 먹고"(요엘 1,4) _140

2 "유다와 예루살렘의 운명을 되돌려 줄 그날"

(요엘 4,1) _148

3 ___ "집을 지어라"(하까 1,8) _156

4 ___ "나리, 저것들은 무엇입니까?"(즈카 1,9) _165

5 ___ "어린 나귀를 타고 오신다"(즈카 9,9) _174

6 ___ "저 큰 성읍 니네베로 가서"(요나 1,2) _182

7 ___ "내가 어찌 동정하지 않을 수 있겠느냐?"

(요나 4,11) _191

8 ___ "보라, 내가 나의 사자를 보내니"(말라 3,1) _199

9 ___ "모세의 율법을 기억하여라"(말라 3,22) _207

들어가며

"정녕 그들은 야곱을 위로하고"(집회 49,10)

집회서 마지막 부분에 '조상들에 대한 칭송'이라는 단락이 있습니다(집회 44-50장). 이스라엘의 역사에서 조상들을 통해 하느님께서 이루신 위대한 업적을 기리는 부분입니다. 저자는 훌륭한 성조들과 임금들과 예언자들을 기리는 가운데, 열두 소예언자에 대해 이렇게 말합니다.

"그리고 열두 예언자들이 있었으니
그들의 뼈가 그 무덤에서 다시 피어나기를!
정녕 그들은 야곱을 위로하고
굳센 희망으로 그들을 구원하였다"(집회 49,10).

소예언자들, 숫자가 많다 보니 누가 누군지 기억하기가 쉽지 않습니다. 짧은 예언서를 남긴 소예언자들은 구약의 역사에서 크게 중시되지 않는 듯합니다. 그러나 기원전 2세기에 집회서의 저자 벤 시라는 이스라엘이 걸어온 길을 되돌아보면서, 그 파란만장한 여정에서 이스라엘과 함께하며 위로와 희망을 불어넣어 준 "그들(소예언자들)의 뼈가 그 무덤에서 다시 피어나기를" 기원합니다.

위로, 희망, 구원

벤 시라는 열두 소예언자가 전한 말씀들을 '위로, 희망, 구원'이라는 말로 요약합니다. 이 예언자들의 선포 내용을 어떻게 요약할 수 있을까요? 소예언자뿐 아니라 대예언자의 경우도, 유배 전 예언자가 선포한 내용과 유배 후 예언자가 선포한 내용은 크게 차이가 납니다. 구체적 내용은 개별 예언자를 통해 알아보기로 하고, 일단 힌 가지만 기억해 두기로 합시다.

1) 유배 전 예언자들은 대체로 심판을 선고하고, 유배 후 예언자들은 구원을 선포합니다.

외우셨나요? 그럼 한마디씩 덧붙이겠습니다.

  2) 유배 전 예언자들은 태평하다는 사람들에게 그러다가는 멸망하리라고 경고하고, 유배 후 예언자들은 이미 멸망한 이스라엘에게 장차 구원이 이루어질 것이라고 이야기합니다.

여기까지는 이해하기가 쉽지요? 자, 그럼 마지막입니다.

  3) 유배 전 예언자들은 이스라엘이 자신의 죄 때문에 멸망하리라고 예고하고, 유배 후 예언자들은 이스라엘이 하느님의 자애 때문에 구원되리라고 선포합니다.

이렇게 유배 전 예언자와 유배 후 예언자의 차이를 반복하는 이유는 그 내용을 머리에 꼭 박아 두시라는 뜻입니다. 열두 소예언서가 모두 끝날 때까지 잊지 않아야 합니다.

/ 대예언서와 소예언서 /

우리는 분량이 많은 이사야서, 예레미야서, 에제키엘서, 다니엘서를 대예언서라 하고 다른 열두 권의 예언서를 소예언서라고 합니다. 그런데 유다교에서는 열두 소예언서를 한 권으로 간주하여, 전기 예언서 네 권(여호수아기, 판관기, 사무엘기, 열왕기)과 후기 예언서 네 권(이사야서, 예레미야서, 에제키엘서, 소예언서)으로 예언서를 분류합니다.

멸망을 겪으며

그러면 소예언자들 가운데 아모스와 호세아처럼 유배 전에 심판을 선고한 이들에 대해서까지 '위로, 희망, 구원'이라는 말을 적용할 수 있을까요? 네, 그렇습니다. 간단히 말해 신판과 멸망이 구원 역사의 일부이기에 그럴 수 있습니다. 이스라엘의 멸망은 이스라엘과 하느님의 절교가 아니었습니다. 오히려 이스라엘은 멸망을 겪으면서 비로소 하느님을 알게 됩니다. 하느님께서 그들을 영원히 내치는 분이 아님을, 그렇게 잘못하고 떠나갔어도 다시 불러들이는 분임을 알게 되는 것입니다.

이러한 모습을 보면 루카 복음서에 나오는 '되찾은 아들의 비유'(루카 15,11-32)가 떠오릅니다. 큰아들은 늘 아버지와 함께 있었고 아버지의 것은 모두 그의 것이었습니다. 그러나 큰아들은 아버지가 어떤 분이신지 알지 못했습니다. 반면 아버지를 떠나간 작은아들은 집에 돌아올 때에, "그가 아직도 멀리 떨어져 있을 때에"(루카 15,20) 자신을 보고는 가엾이 여기는 아버지의 모습을 통해 아버지가 어떤 분인지를 알게 되었습니다. 그렇다면 작은아들이 아버지의 집을 떠나간 것, 재산을 탕진하고 객지에서 배고픔과 곤궁을 겪은 것은 작은아들에게는 구원의 역사가 아닐까요? 작은아들은 그 체험을 통해 아버지와 자신의 관계를 확인했습니다.

이스라엘과 하느님의 관계도 이와 비슷합니다. 멸망을 겪기 전 이스라엘은 어쩌면 복음서의 큰아들과 같을지 모릅니다. 이스라엘은 분명 하느님의 백성이었습니다. 하느님께 충실하려고 나름대로 노력했습니다. 잘못할 때에는 예언자들의 경고도 들었습니다. 그러니 작은아들이 살길이 막막해졌을 때에 "아버지, 제가 하늘과 아버지께 죄를 지었습니다. 저는 아버지의 아들이라고 불릴 자격이 없습니다"(루카 15,18-19)라고 생각한 것과 같이, 멸망을 맞은 이스라엘은 이제 자신의 죄 때문에 하느님과의 관계가 끝났다고 생각했습니다. '저는 하느님의 백성이라고 불릴 자격이 없습니다.' 이것이 이스라엘의 생각이었을 것입니다.

그런데 유배 중과 유배 후의 예언자들은 기대하지 못한 구원을 선포합니다. 자신들이 하느님과의 관계를 지켜 나가지 못했음을 깨닫는 순간, 예언자들은 하느님께서 자신들을 버리지 않으셨다고 말해 줍니다. "정녕 그들은 야곱을 위로하고 굳센 희망으로 그들을 구원하였다"(집회 49,10).

이스라엘이 자신의 죄 때문에 멸망을 겪게 되었다 해도 하느님께서는 그 이스라엘을 죽도록 버려두지 않으십니다. 선악과를 따 먹은 아담과 하와를 에덴 동산에서 쫓아내실 때 그들을 보호하기 위해 옷을 입혀 주신 하느님, 살인자 카인에게 사람들이 그를 죽이지 못하도록 표시를 해 주신 하느님, 홍수로 세상을 멸하시면서도 노아에게 방주를 만들게 하신 하느님께서는, 이제 '아버지의 아들이라고 불릴 자격이 없다'고 생각한 이스라엘을 다시 맞아 주십니다.

멀리서 바라볼 때

수천 년 시간이 지나고 그 역사를 바라보는 우리는 멸망도 구원에 이르는 길이었다는 것을 압니다. 그리고 멸망 다음에 구원이 온다는 것도 압니다.

그러나 폭풍 속을 통과하는 이들에게는 그 순간의 의미가 보이지 않았겠지요. 예언자들을 생각할 때 저는 어떤 고통스러운 신비를 느낍니다. 멸망을 선포해야 했던 예언자들도, 여러 세대가 지나고 나서야 겨우 그 의미가 조금씩 드러나게 될 하느님의 계획을 다 알 수는 없었을 것입니다. 그런 불확실함 속에서 멸망을 바라지 않으면서도 멸망을 선포해야 했던 예언자들은 어떤 마음이었을까요?

그럼, 멸망한 다음 그 깜깜한 현실을 보면서 구원을 선포해야 했던 유배 후의 예언자들은 또 어땠을까요? 그들에게도 하느님의 계획이 손에 잡히고 눈에 보이는 것은 아니었습니다. 예언자들은 구원을 선포하면서도 그 구원이 이루어지리라는 증거를 보여 줄 수 없었을 것입니다. 믿기 어려워하는 이들에게 기쁜 소식을 외쳐야 했던 예언자들도, 자신들이 선포하고 있는 희망에 일말의 의심을 품을 수 있었을 것입니다. 마지막 예언자였던 세례자 요한이 감옥에 갇혀 있으면서 예수님께 "오실 분이 선생님이십니까?"(루카 7,19)라고 확인하고 싶었던 것처럼 말입니다.

멀리서 바라보는 우리에게는 이 예언자들이 이스라엘에게 위로이고 희망이고 구원이라는 사실이 보입니다. 그러나 예언자들과 함께 살던 사람들은 그것을 알아볼 수 없었습니다. 그들은 지나간 시대의 예언자들은 기리면서도 자신과 같은 시대에 사는 예언자들의 말에는 귀를 기울이려 하지 않았습니다. 예수님께서는 "우리가 조상들 시대에 살았더라면 예언자들을 죽이는 일에 가담하지 않았을 것이다"(마태 23,30)라고 말하는 위선자들을 비판하시지요. 어느 시대에도, 예언자가 심판을 선고하든 구원을 선포하든 사람들은 그 말을 쉽게 받아들이지 못했습니다. 예언자의 말을 듣는 이들이 우리처럼 멀리서 바라볼 수 없었기에, 다른 말로 하면 그들이 하느님의 관점에서 바라볼 수 없었고 하느님의 계획이라는 더 큰 맥락을 파악할 수 없었기에 예언자들의 말은 늘 받아들이기 어려웠습니다.

예언자 자신도 예외는 아니었을 것입니다. 예언자의 몫은 역사에서 자기 위치를 스스로 확인하는 데 있지 않았습니다. 예언자가 자신의 깨달음과 논리를 가지고 다른 이들을 설복한 것이 아니기에, 알아야 할 것은 오직 지금 그들에게 선포하도록 맡겨진 하느님의 말씀뿐이었습니다. 전하고 싶지 않은 말씀, 이해할 수 없는 말씀은 그 말씀이 예언자 자신의 말이 아님을 분명하게 보여 주었습니다.

예언자들이 그 시대의 사람들과 다른 점은 무엇이었을까요? 어떻게 예언자들은 야곱을 위로하고 희망을 줄 수 있었을까요? 예언자들이 뛰어난 인물이어서가 아니었습니다. 오직 하느님 말씀이 그들 안에 살아 계셨기에 그들은 위로와 희망과 구원을 전하는 도구가 될 수 있었습니다. 하느님의 계획에 순응함으로써 예언자들은 이스라엘이 겪는 어둠 속에서도 멀리 비치는 빛이 될 수 있었습니다.

I

북 왕국 이스라엘 예언자들

아모스 · 호세아

1
아모스

"이스라엘의 세 가지 죄 때문에"(아모 2,6)

'문서 예언자'라는 표현이 그다지 정확하지는 않지만 편의상 사용한다고 하면, 구약성경에서 시대순으로 첫 번째 문서 예언자는 아모스가 됩니다. 자기 이름으로 된 예언서를 가진 최초의 예언자가 기원전 8세기의 아모스이기 때문입니다.

"트코아의 목양업자"(1,1)

아모스에 대해 하나씩 짚어 봅시다. 1,1에서 많은 사실을 알아낼 수 있습니다. 먼저, 아모스는 "이스라엘 임금 여호아스의 아들 예로보암 시대에 … 이스라엘에 관한 환시"를 보았다고 말합니다. 여기에서 말하는 예로보암은 솔로몬 사후인 기원전 930년에 다윗 왕국에서 떨어져 나가 북부에 왕국(북이스라엘)을 세운 예로보암 1세가 아니라, 기원전 787-747년에 북이스라엘을 통치한 예로보암 2세입니다. 그가 통치할 때 아모스는 "이스라엘에 관한 환시를" 보았다고, 즉 북 왕국에 관해 예언했다고 전합니다. 7장에서도 아모스가 북 왕국의 성소인 베텔에서 예언하다가 사제 아마츠야에게 쫓겨난 일이 기록되어 있지요.

이스라엘 역사에서 예언 운동이 먼저 발달한 곳은 사실 북이스라엘이었습니다. 아모스 이전의 예언자 가운데 가장 대표적 인물이 엘리야와 엘리사인데, 그들은 모두 북부에서 활동했습니다. 최초의 문서 예언자인 아모스와 호세아 역시 같은 예로보암 2세 시대의 북이스라엘을 배경으로 합니다. 그 후 이스라엘이 멸망하였으므로, 열두 소예언자 가운데 아모스와 호세아만이 북 왕국 이스라엘에서 활동했습니다.

또한 아모스는 "트코아의 목양업자"였다고 합니다. 트코아는 예루살렘에서 남쪽으로 17km 정도 떨어진 곳입니다. 몇 킬로미터가 중요한 것이 아니라, 북부에서 활동한 아모스가 본래 북부 출신이 아니라 남부 출신이라는 점이 눈길을 끕니다. 왜 굳이 북 왕국까지 가서 사람들이 듣기 싫어하는 예언을 하고, 쫓겨나기까지 했을까요? 또 아모스가 '목양업자'였다면 왜 평탄하게 자신의 가축 떼를 계속 돌보지 않았을까요? 어쩌자고 양 떼를 내버려 두고 떠났을까요? 아모스도 유배 전 예언자로서 심판과 멸망을 선고했습니다. 유다 출신 예언자가 이스라엘까지 가서 멸망을 선포해야 했던 절박한 상황은 무엇이었을까요?

/ 문서 예언자 /

아모스 이전에도 성경에는 엘리야, 엘리사, 나탄과 같은 여러 예언자가 등장합니다. 하지만 그들의 말을 기록한 예언서가 있는 것이 아니라 역사서에서 그들의 행적이 전해집니다. 기원전 8세기의 아모스, 호세아부터 그들이 선포한 하느님의 말씀을 중심으로 하는 예언서가 형성되었기에 이 예언자들을 '문서 예언자'라 하지만, 이들이 책

> 상에 앉아 직접 글을 쓴 경우는 매우 드뭅니다. 대개는 예언자가 말로 선포한 것을 다른 이가 기록했습니다.

"여호아스의 아들 예로보암 시대에"(1,1)

예로보암 2세의 통치에 대해서는 2열왕 14,23-29에 기록되어 있습니다. 일단 전반적인 평가는 좋지 않습니다. 당연합니다. 열왕기에서는 북이스라엘의 임금들이 모두 예로보암 1세의 전철을 따랐기에 주님의 눈에 거슬릴 수밖에 없었다고 봅니다. 신명기계 역사가의 판단 기준에 따르면, 예루살렘이 아닌 베텔과 단에서 경신례를 드리도록 한 임금들은 모두 하느님께 충실하지 않았습니다.

그러나 종교적 평가와 별개로 예로보암 2세의 업적은 사실대로 전해집니다. "그가 하맛 어귀에서 아라바 바다에 이르기까지 이스라엘 영토를 되찾았다"(2열왕 14,25). 예로보암 2세는 이스라엘의 북쪽 경계에 맞닿아 있던 시리아(아람)와 전쟁을 했고, 그들이 이스라엘을 괴롭힐 수 없도록 몰아냈습니다. 예로보암의 아버지 여호야스 시대에 시리아에게 빼앗긴 땅을 되찾아 거의 다윗 시대만큼 이스라엘의 영토를 확장한 그때는, 어느 면에서 안정과 번영을 누린 시기에 속합니다. 그동안 이스라엘의 북쪽 경계를 침입하던 시리아는 점차 세력을 키워가고 있던 아시리아에게 시달리고 있었습니다. 그러니 이스라엘을 괴롭힐 여력이 없었습니다.

/ 신명기계 역사서 /

한 분이신 하느님을 사랑하라는 신명기의 가르침을 중심으로 기록된 여호수아기, 판관기, 사무엘기, 열왕기를 신명기계 역사서라고 부릅니다. 다윗 왕조가 무너진 후, 하느님께서 선물로 주신 땅을 잃어버리게 된 원인을 성찰하며 이 책들을 쓴 것으로 봅니다.

좀 더 범위를 좁혀 보면, 아모스서에 언급된 정치 상황을 볼 때 아모스는 기원전 760년경, 짧은 기간 동안 예언 활동을 한 것으로 보입니다. 어쩌면 몇 달에 불과했는지도 모릅니다. 아모스서에는 예언자에 관한 전기적 사실이 거의 나오지 않아 그의 일생을 알 수 없지만, 남부 출신인 그는 잠시 동안 북부에 가서 활동했을 것입니다. 기원전 760년, 그럼 이제 계산을 해 봅시다. 북이스라엘이 멸망한 때가 기원전 722년입니다. 멸망까지 40여 년 남았다는 이야기입니다. 예로보암 2세의 통치가 끝난 747년은 멸망하기 25년 전입니다. 그런데 안정과 번영을 누린 시기라고요? 그 안정과 번영은 분명 일시적이었습니다. 예로보암이 세상을 떠날 때 나라가 오래오래 지속되리라 생각했다면 그것은 오산이었을 것입니다. 예로보암은 40년간 통치했지만, 그가 죽은 뒤 25년 동안 여섯 명이 왕위에 오릅니다. 짧은 기간 동안 여섯 명이나 되는 임금이 왕위에 올랐다는 것은 대부분의 임금이 살해되거나 폐위되었기 때문입니다. 그만큼 정국이 불안정하고 혼란스러웠다는 뜻이지요. 혼란의 주된 이유는 아시리아의 팽창에 있었습니다.

   이것이 그 시대의 양면성입니다. 겉으로 볼 때는 별다른 문제가 없는 것 같습니다. 영토를 확장하고 외적의 침입을 막고 경제가 발전하여 부를 축적합니다. 아무도 위기감을 느끼지 않습니다. 그런데 중병에 걸려 있으면서도 그 사실을 전혀 알지 못하는 환자에게 어느 날 갑자기 진단이 내려지듯, 태평한 북 왕국에 남 왕국 출신 예언자가 파견됩니다. 이 예언자의 몫은, 누구도 멸망을 생각하지 않고 있을 때 모두가 멸망을 향해 가고 있다고 소리치는 것이었습니다.

"세 가지 죄 때문에"(1,3; 2,6)

아모스서의 첫 부분에서는 일정한 형식으로 다마스쿠스, 가자, 티로, 에돔, 암몬, 모압에 대한 심판이 선고됩니다(1,3-2,3 참조). "다마스쿠스의 세 가지 죄 때문에, 네 가지 죄 때문에 나는 철회하지 않으리라"(1,3). 다마스쿠스는 아람의 수도로서 이스라엘의 북쪽에 있고, 가자는 필리스티아의 도시 가운데 하나로 티로와 마찬가지로 이스라엘의 서쪽에 있습니다. 에돔, 암몬, 모압은 모두 이스라엘의 동쪽에서부터 남동쪽 방향에 있습니다. 아모스는 이렇게 사방을 돌아가며 이 나라들이 국제 관계에서 저지른 불의와 폭력을 비판합니다.

이렇게 주변 나라들에 대한 심판이 선고될 때 이스라엘은 심판의 날을 기다렸을 것입니다. 아모스는 이스라엘이 주님의 날을 갈망한다고 말합니다(5,18 참조). 주님의 날, 심판 날에 다른 민족들은 멸망하고 이스라엘은 구원되리라고 생각하고 있었기 때문입니다. 그들은 이스라엘이 하느님의 백성이라는 이유 때문에, 하느님께서 이스라엘을 멸망시키지는 않으시리라고 여겼습니다.

그런데 주변 나라들에 대한 심판 선고가 끝난 다음 예상 밖의 선고가 이어집니다. "이스라엘의 세 가지 죄 때문에, 네 가지 죄 때문에 나는 철회하지 않으리라"(2,6). 다른 민족들에 대한 선고와 같은 시작입니다. 더구나 이스라엘에 대한 심판 선고는 다른 어느 나라에 대한 선고보다 더 깁니다. 결국 아모스의 주된 관심은 다른 민족들의 죄악을 고발하거나 그들에게 심판을 알리는 것이라기보다 이스라엘의 죄에 대한 심판을 예고하는 것이었습니다. 남쪽에서 온 예언자의 이러한 선포는 이스라엘에게 당황스런 일이었습니다.

하느님께서는 당신이 이스라엘 자손들을 이집트 땅에서 데려왔음을 상기시키시면서, "나는 이 땅의 모든 씨족 가운데에서 너희만 알았다. 그러나 그 모든 죄를 지은 너희를 나는 벌하리라"(3,2) 하고 선언하십니다. 하느님께서 이스라엘과 특별한 관계를 맺고 있기에 이스라엘을 벌하지 않으시는 것이 아닙니다. 이스라엘에게는 오히려 그 특별한 관계만큼 무거운 책임이 있습니다. 하느님께서는 이스라엘을 당신 백성으로 선택하셨지만, 이스라엘이 그 선택에 합당하게 살아가지 않을 때 이는 이스라엘이 벌을 면할 이유가 아니라 오히려 더 엄한 심판을 받을 이유가 됩니다.

평화롭다고, 아무 문제없다고 여기는 사람들에게 멀리서 갑자기 찾아온 예언자. 그는 북이스라엘의 안정된 나날을 교란시키는 듯 보입니다. 그래서 예언자에게 귀 기울이는 것이 마지막 남은 회생의 길임을 이스라엘은 알지 못했습니다. "오늘 너도 평화를 가져다주는 것이 무엇인지 알았더라면!"(루카 19,42)이라는 예수님의 탄식이 들리는 듯합니다. 쓴소리하는 예언자야말로 평화의 길을 알려 준다는 사실을 어리석은 백성이 깨닫지 못하기 때문입니다.

2
아모스

"처녀 이스라엘이 쓰러져"(아모 5,2)

멸망을 선포한다면 마땅히 그 이유가 있어야 합니다. 물론 예언서에서도 그렇습니다. 그리고 그 멸망의 이유는 다른 데에 있는 것이 아니라 이스라엘에 있습니다. 아모 2,6-16에서 시작된 "이스라엘의 세 가지 죄, 네 가지 죄"에 대한 고발은 3-6장으로 이어집니다.

"불행하여라, 걱정 없이 사는 자들"(6,1)

아모스는 흔히 '정의의 예언자'라고 일컬어집니다. "정의를 강물처럼 흐르게 하여라"(5,24)라는 구절이 유명하지요. 아모스가 첫 번째로 비판하는 것은 사회 불의입니다. 특히 강하게 비판하는 죄목 한 가지는 가난한 이들의 희생으로 얻는 상류층의 사치입니다. 아모 1,6-2,3에서 다른 여러 민족들에 대하여 심판이 선고되는 것이 주로 국제 관계에서 벌어지는 폭력과 억압 때문이었다면, 아모 2,6-16에 나오는 이스라엘에 대한 고발은 주로 이스라엘 동족 내에서 벌어지는 불의 때문입니다.

여기서 아모스의 시대적 배경을 기억할 필요가 있습니다. 그 시대는 전쟁이 끝나고 안정된 상황에서 경제가 발전하던 시대였습니다. 그러나 그 발전의 혜택은 모든 이에게 공평하게 돌아가지 않았습니다. 부유한 이들은 더 부유해지고 가난한 이들은 착취를 당하여 오히려 더 가난해지고 있었습니다. 빚을 감당하지 못하는 이들은 종으로 팔려 갔습니다(2,6 참조). 부유한 이들은 "상아 침상 위에 자리 잡고 안락의자에 비스듬히 누워"(6,4) 향유를 바르고 술을 퍼마시며 흥청거렸습니다(6,1-7). 아모스는 북 왕국의 수도 사마리아의 부유층 여인들을 "바산의 암소들"이라 부르며, 그들이 빈민을 짓밟는다고 고발합니다. 권세 있는 이들의 집은 화려하고 술과 음식이 넘쳐 나지만, 그 안에는 폭력과 억압이 난무합니다(3,9-

15; 4,1-3; 6,1-7 참조). 세상의 정의를 세워야 할 재판마저 올바로 이루어지지 않습니다.

이런 짓을 저지르면서도 평온한 날이 계속 이어지리라 바랄 수 있을까요? 다가오는 위험을 깨닫지 못하는 이스라엘은 눈이 먼 듯합니다. 걱정 없이 사는 자들이 불행하고 마음 놓고 사는 자들이 불행하다고, 아모스는 역설을 말합니다(6,1 참조). 그는 이스라엘이 이미 쓰러졌다고 말하며 이스라엘 집안을 위해 애가를 부릅니다. "처녀 이스라엘이 쓰러져 다시는 일어나지 못하는구나"(5,2). 이스라엘이 아직도 건재하다고 믿는 이들 앞에서, 아모스는 그 이스라엘이 벌써 죽었다고 말하며 이스라엘을 애도합니다. 아모스가 이스라엘 출신이 아닌 남유다 출신이었다는 점을 생각할 때, 그가 전한 말씀이 더 강하게 와닿습니다. 성공과 번영의 길을 달려가고 있다고 믿는 이들에게 찾아가 그들의 옳지 못한 삶이 죽음을 불러들이고 있음을 말하는 것, 그것이 하느님께서 아모스에게 맡기신 몫이었습니다.

"제발 용서하여 주십시오"(7,2)

이스라엘의 죄에 대한 고발 다음에 이어지는 다섯 환시는(7-9장 참조) 이제 피할 수 없는 심판이 다가왔음을 말해 줍니다. 하느님께서는 이스라엘의 잘못을 깨우치고자 예언자를 보내시지만, 그 말씀에 귀를 기울이지 않는 이들에게는 심판이 곧 다가올 것입니다.

다섯 환시 가운데 처음 두 번의 환시에서 하느님께서는 메뚜기 떼(7,1-3)와 불을 보여 주십니다(7,4-6). 이는 이스라엘에 다가오는 징벌을 나타냅니다. 우리나라에서 가뭄과 장마가 농작물의 피해를 가져오는 대표적 재해인 것처럼, 메뚜기 떼는 구약성경 여러 곳에서 언급되는 재앙입니다. 환시 가운데 메뚜기와 불이 농작물을 모두 없애버리는 장면을 본 아모스는 '야곱', 즉 이스라엘을 위하여 하느님께 전구합니다. "제발 용서하여 주십시오"(7,2), "제발 멈추어 주십시오"(7,5). 그리고 하느님께서는 그의 간청을 받아들이십니다.

전구는 예언자의 중요한 역할 가운데 하나입니다. 예언자가 하느님과 이스라엘 사이에 자리하고 있기 때문입니다. 예언자는 하느님의 말씀을 이스라엘에게 전달할 뿐만 아니라, 이스라엘을 위해 하느님께 간청합니다. 이집트 탈출 때 광야에서 백성이 불평할 적마다 모세가 하느님께 그 백성을 위하여 간청하였듯, 예언자는 하느님만의 도구가 아니라 하느님과 백성 사이에 서 있는 사람입니다. 심판 선고를 들은 아모스의 첫 반응 역시 전구였습니다. 그리고 하느님께서 그의 전구를 들어주시어 재앙을 거두셨다는 것은, 아직 이스라엘에게 회생의 가능성이 있었다는 뜻입니다. 이스라엘이 지금이라도 하느님께 돌아간다면 멸망을 피할 여지가 있는 것입니다.

다른 관점에서 본다면 이러한 이야기는, 아모스가 이스라엘의 불행을 원한 것이 아니며 오히려 힘을 다해 그 불행을 막고자 했다는 것을 보여 줍니다. 예언자가 심판을 선고하는 것은 동족을 사랑하지 않아서가 아닙니다. 예언자는 동족과 아무런 연대성 없이 하느님의 심판을 통보하지 않습니다. 그들이 사람들을 사랑하지 않았다면, 오히려 진실을 말하지 않고 편안하게 살았을 것입니다. 예언자들은 동족을 깊이 사랑했기에 거부와 반대를 받을 줄 알면서도 하느님 말씀을 전할 수밖에 없었습니다.

"지나쳐 버리지 않겠다"(7,8)

이어지는 두 환시에서는 다림줄(7,7-9)과 과일 바구니(8,1-3)를 보여 주시는데, 그 의미가 자명하지 않기에 두 번 모두 설명이 뒤따릅니다. 다림줄을 드리워 쌓은 성벽 옆에 주님께서서 계신 세 번째 환시에서는 산당들과 성소들이 황폐해지고 예로보암 집안에 재앙이 닥칠 것이 예고되고(7,9 참조), 여름 과일 한 바구니를 보여 주시는 네 번째 환시에서는 이스라엘의 종말이 선포됩니다(8,2 참조). 히브리어에서 '여름 과일'을 뜻하는 단어 '카이츠'가 '끝'을 뜻하는 단어 '케츠'와 발음상 비슷하기 때문에, 여름 과일 환시는 이미 종말이 다가왔음을 말해 줍니다.

이 두 환시 다음에는 각각 다른 본문이 이어져 있습니다. 이는 앞에 나온 심판 선고의 이유를 설명해 주는 것이라고도 볼 수 있습니다. 예언을 가로막으려는 베텔의 성소는 폐허가 되고, 가난한 이들을 억누르고 착취하는 이스라엘은 종말을 맞게 되는 것입니다.

마지막 환시에서는 다른 어떤 대상을 보는 것이 아니라 주님께서 나타나 직접 멸망을 선포하십니다. "아무도 도망치지 못하고 아무도 피신하지 못하리라"(9,1). 저승까지, 하늘까지, 바다 밑바닥까지 달아난다 해도 그 재앙을 피할 수 없으리라는 마지막 선포입니다.

왜 처음의 환시에서는 하느님께서 아모스의 전구를 들어주시는데 세 번째 환시부터는 아모스의 전구가 나오지 않을까요? 이제 이스라엘에게 남은 길은 멸망뿐이기 때문입니다. 아모스가 전구하지 않아서 하느님이 들어주지 않으신 것이 아니라, 하느님께서 "더 이상 그들을 그냥 지나쳐 버리지 않겠다"(7,8)고 말씀하시기 때문에 아모스가 더는 전구를 드리지 않는 것입니다.

이제는 멸망 외에 다른 길이 없습니다. 멸망만이 이스라엘이 구원에 이르는 길입니다. 그러나 아모스도, 당시 이스라엘도, 멸망이 구원 역사의 일부임을 깨닫기는 어려웠을 것입니다. 멸망을 겪고 나서야 이스라엘은 비로소 하느님을 알게 됩니다. 하느님께서 남유다에서 양 떼를 치던 아모스를 낚아채 북이스라엘에까지 가서 멸망을 선포하게 하신 것, 아모스에게 보여 주신 여러 환시, 아모스의 두 번에 걸친 전구, 이 모든 것은 이스라엘이 멸망을 막기 위한 하느님과 예언자의 시도였습니다. 하느님은 이스라엘이 망할 때까지 두 손 놓고 계신 분이 아니었습니다. 모든 노력이 실패로 돌아가고 완전히 멸망한 후에야, 이스라엘은 하느님과 자신의 관계가 유지되는 것이 오직 하느님의 자애 덕분임을 알게 됩니다.

심판 선고가 구원 역사의 일부라는 사실을 믿을 수 있습니까? 수난과 죽음이 부활을 향한 여정이라는 것을 믿을 수 있습니까? 멸망의 시대를 산 아모스는 우리보다 그 사실을 믿기가 더 어려웠을 것입니다. 어둠 속에서 하느님의 말씀을 전한 아모스처럼 우리가 죽음을 통한 구원이라는 하느님의 뜻을 믿음으로 받아들이지 못한다면, 오늘도 예수님은 우리에게 "사탄아, 내게서 물러가라. 너는 하느님의 일은 생각하지 않고 사람의 일만 생각하는구나"(마르 8,33)라고 단호하게 말씀하실 것입니다.

3
아모스

"내 백성 이스라엘에게 예언하여라"(아모 7,15)

아모 1,1에서는 아모스가 '목양업자'였다고 소개했습니다. 목양업자였던 아모스는 어떻게 예언자가 되었을까요?

"유다 땅으로 달아나"(7,12)

앞서 읽었던 7-9장의 환시들 중 세 번째 환시 다음에, 아모스서에서 거의 유일하게 아모스라는 인물에 대해 말하는 단락이 나옵니다. 아모스가 베텔에서 사제인 아마츠야에게 쫓겨나는 장면입니다(7,10-17 참조).

남유다 출신의 예언자가 북이스라엘의 성소인 베텔에 와

서 예로보암은 칼에 맞아 죽고 이스라엘은 유배를 갈 것이라고 선포하고 있으니, 이스라엘의 입장에서 반가울 리가 없습니다. 자기 집에 가만히 있을 것이지 무엇 한다고 저렇게 불길한 소리를 내뱉고 다니는가? 베텔의 사제 아마츠야가 예로보암 임금에게 한 말처럼, "이 나라는 그가 하는 모든 말을 더 이상 참아 낼 수가 없습니다"(7,10). 그래서 아마츠야는 아모스를 쫓아내려 합니다. 여기서 듣기 싫은 소리를 하지 말고, 너희 나라에나 가서 예언하라는 것입니다. 이때에 아모스는 자신이 예언자가 아니라고 말합니다.

이 구절은 논란거리가 됩니다. 아모스는 분명 예언자인데, 여기에서는 스스로 "나는 예언자도 아니고"(7,14)라는 말을 하기 때문입니다. 본래 이 히브리어 문장에는 동사가 없어서 꼭 현재를 나타내는 것으로 번역해야 하는 것은 아니기에, 칠십인역 그리스어 성경에서부터 과거형 동사를 넣어 "나는 예언자가 아니었다"로 옮기기도 했습니다. 원래 예언자가 아니라 다른 일을 하던 아모스를 하느님께서 어느 날 부르시어 예언자가 되게 하셨다는 뜻으로 이해하는 것이지요.

그러나 대중 라틴어 성경을 비롯한 다른 많은 번역본은 현재 시제로, "나는 예언자가 아니다"라고 번역합니다. 이 경우에는, 아모스가 예언을 직업으로 삼아 먹고사는 사람이 아니라는 의미로 해석합니다. 아모스는 예언자가 되려고 다른 예언자 밑에 들어가 제자가 된 적도 없었습니다. 본래 가축을 키우고 돌무화과나무를 가꾸던 사람을 하느님께서 '붙잡으셔서' 이스라엘에게 예언하도록 보내셨다는 것입니다(7,14-15 참조).

아마츠야는 아모스에게, 유다 땅에서나 "예언하며 밥을 벌어먹어라"(7,12)라고 했지요. 아모스의 대답은 이 질문에 대한 반박입니다. 그는 '밥을 벌어먹기' 위해 예언하는 것이 아니었습니다. 아모스는 목양업으로 생계를 충분히 꾸릴 수 있었습니다. 한 인간으로서는 그 편을 선택하고 싶었을 수도 있습니다. 기르던 양 떼와, 과수원과, 자기 집과, 가족과 함께 안정된 생활을 하고 싶은 마음이 없지 않았겠지요. 그런데 왜 예언자가 되었을까요? 이 질문에 대해서는 아모스가 우리에게 대답해 줍니다. "사자가 포효하는데 누가 두려워하지 않을 수 있으랴? 주 하느님께서 말씀하시는데 누가 예언하지 않을 수 있으랴?"(3,8) 거역할 수 없는 하느님의 말씀이 아모스를 사로잡았고, 그는 지금까지의 삶을 떠나 예언자의 길을 따라가지 않을 수 없게 되었습니다.

    이는 사도 바오로의 경우와 비교할 수 있습니다. 바오로에게 복음을 전하는 일은 자유의사에 따른 것이 아니라 "나로서는 어찌할 수 없는 의무"(1코린 9,16)였습니다. 원하든 원하지 않든 하지 않을 수 없는, 그의 운명이었습니다. 그래서 바오로는 복음을 전하는 일에 대하여 삯을 요구하지 않고 천막을 만드는 일로 생계를 꾸렸습니다. 마찬가지로 예레미야도 하느님의 말씀이 심장 속에서 불처럼 타올라 더 이상 뼛속에 가두어 둘 수가 없다고 표현합니다(예레 20,9 참조). 말씀을 선포하지 않겠다고 스스로 다짐해도 소용없습니다. 말씀은 예레미야의 의지보다 훨씬 강했습니다. 아모스의 체험도 그러했습니다. 자기 안에서 하느님의 말씀이 화산처럼 솟아오르기 때문에, 그는 낯선 땅에 가서 듣기 싫어하는 사람들에게 달갑지 않은 소식을 선포하지 않을 수 없었습니다.

"그날에 나는"(9,11)

그렇다면 아모스는 구원의 가능성을 말했을까요? 정말 없을까 하는 마음으로 아모스서를 샅샅이 찾으면 "너희는 나를 찾아라. 그러면 살리라"(5,4)는 말씀에서 구원에 대한 실낱같은 가능성을 엿볼 수 있습니다. 하지만 아모스서의 주조主潮를 이루는 예언은 북 왕국 이스라엘의 몰락입니다. 유배 가기 전에 예언자들은 대개 심판을 선고했다고 했지요. 아모스가 그 대표적 예입니다.

그런데 예외가 있습니다. 갑작스럽게 "그날에 나는"으로 시작되는 아모스서의 마지막 단락(9,11-15)입니다. 대개 이 부분은 후대에 첨가되었다고 봅니다. 아모스가 직접 쓴 것이 아니라는 말이지요. 왜냐하면 "무너진 다윗의 초막", "벌어진 곳", "허물어진 곳" 등이 이미 북 왕국 이스라엘의 멸망(기원전 722년)을 넘어 예루살렘 함락(기원전 587년)을 전제하는 표현이기 때문입니다. 그러므로 이부분은 아모스가 살던 기원전 8세기가 아닌 기원전 6세기 이후를 배경으로 한다고 보는 것입니다.

그러나 아모스서라는 책을 제대로 이해하려면, 이 마지막 부분이 후대의 첨가라고 해서 그 내용을 무시할 수 없습니다. 성경의 여러 책 중 한 권인 아모스서는 아모스가 직접 쓰거나 말한 부분뿐 아니라 최종 편집 상태, 곧 현재 우리에게 전해진 그대로의 성경 본문까지도 포함하는 것이고, 9,11-15은 분명 그 본문에 속합니다. 그것이 작은 부분 같지만, 여러 예언서에서 그와 비슷한 요소가 공통으로 첨가되어 책 전체를 변형시키고 있기에 중요합니다(호세 14,2-9; 요엘 4,18-21 등 참조). 심판을 예고한 유배 전 예언자들의 책에, 이미 멸망을 겪고 난 후대의 편집자가 구원 선포를 덧붙입니다. 이로써 예언서들은 '심판'과 '구원'이라는 두 부분을 함께 지니게 되고, 앞에서의 심판 선고는 단순한 멸망이 아니라 구원을 궁극의 목적으로 삼는 것으로 변모됩니다. 기원전 8세기에 아모스가 선포한 심판이 후대 편집자에 의해 구원을 위한 여정의 일부가 된 셈입니다. 이렇게 예언자의 글은 편집자의 손에 의하여 손상되는 것이 아니라 완성됩니다.

이 책의 첫머리에서 말씀드린 심판 선고와 구원 선포를 떠올려 보십시오. 아모스는 이 심판 후에 어떻게 구원이 다시 가능할지 몰랐을 것입니다. 세월이 흐른 다음 그것을 알아본 어떤 사람이 이 단락을 아모스서에 덧붙인 것입니다.

어찌 보면, 이 짧은 단락은 아모스서의 나머지 전체와 무게의 균형을 이룬다고 할 수도 있습니다. 지금까지의 선고가 여기에서는 철회됩니다. 아모 5,2에서 하느님께서는 "처녀 이스라엘이 쓰러져 다시는 일어나지 못하는구나"라고 하시는데, 지금은 "그날에 나는 무너진 다윗의 초막을 일으키리라"(9,11)고 하십니다. 아모 5,11에서는 "너희가 다듬은 돌로 집을 지어도 그 안에서 살지 못하고 포도밭을 탐스럽게 가꾸어도 거기에서 난 포도주를 마시지 못하리라"고 하시는데, 끝부분에 가서는 "그들은 허물어진 성읍들을 다시 세워 그곳에 살면서 포도밭을 가꾸어 포도주를 마시고 과수원을 만들어 과일을 먹으리라"(9,14)고 하십니다.

이러한 전환에는 동기가 제시되지 않습니다. 구원에 대한 유일한 설명은 "나는 내 백성 이스라엘의 운명을 되돌리니"(9,14) 입니다. 이스라엘이 돌아오는 것이 아니라 하느님께서 이스라엘의 역사를 되돌리십니다. 이스라엘의 미래는 하느님의 은총으로 이루어집니다. 그 근거는 이스라엘에 있지 않고 오직 하느님께 있습니다.

심판을 선고할 때에는 언제나 이유가 있다고 했습니다. 그 이유는 이스라엘에게 있습니다. "이스라엘의 세 가지 죄,

네 가지 죄"(2,6)가 피할 수 없는 멸망을 가져왔습니다. 그렇다면 구원은 어떻게 가능합니까? 이스라엘과 하느님의 관계에서 잘잘못을 따진다면, 이스라엘에게 잘못이 있기 때문에 이스라엘은 더 이상 하느님과의 관계가 유지되기를 바랄 수가 없습니다. 주님께서 잘못을 따지신다면 "주님, 누가 감당할 수 있겠습니까?"(시편 130,3) 이스라엘은 멸망을 겪으면서, 하느님과의 관계가 단절되지 않고 계속 이어질 수 있는 까닭이 용서를 베푸시고 잘못을 품어 주시는 하느님 덕분임을 알게 되었습니다. "죄가 많아진 그곳에 은총이 충만히 내렸습니다"(로마 5,20). 그래서 멸망이 구원 역사의 일부였다고 말하는 것입니다. 처절하게 실패를 겪고 난 이스라엘이 비로소 하느님의 충실함, 하느님의 사랑을 알게 되었기 때문입니다.

이렇게 우리는 첫 번째 소예언자 아모스를 통해, 심판 선고의 이유는 이스라엘의 죄에 있지만, 구원 선포의 이유는 하느님께서 이스라엘에게 베푸시는 자애에 있다는 것을 보았습니다. 이 주제는 다른 예언서에서도 끊임없이 반복될 것입니다.

호세아

"간음을 저지르는 여자를 사랑해 주어라"(호세 3,1)

아모스는 양을 치고 돌무화과나무를 가꾸는 사람이었다고 했습니다. 그러니 베텔에 가서 하느님의 말씀을 선포하던 중에도 어쩌면 먼 남쪽 트코아에 가꾸어 놓은 돌무화과나무 생각이 나고 양 떼 생각이 났을지 모릅니다. 그런데 그 무화과를 던져두고 하느님의 부르심을 따라 나선 아모스는, 안정되고 평화로운 삶에서 떠나야 했습니다. 사자처럼 부르짖으시는(아모 3,8 참조) 하느님을 거스를 수가 없었기 때문입니다. 호세아도 마찬가지였습니다.

혼인할 나이에 이른 호세아는 행복한 가정을 꾸리고 싶었을 것입니다. 마음에 드는 여자와 혼인하여 아내가 자기만 사랑해 주기를 바랐겠지요. 그런데 하느님께서는 호세아의 꿈과 기대를 저버리십니다. 호세아를 당신 말씀을 선포하는 도구로 쓰시기 위해서입니다.

"주님께서 호세아에게 말씀하셨다"(1,2)

다른 예언서와 달리, 이번에는 역사적 배경을 살펴보는 것을 나중으로 미루고 호세아의 개인 체험에서 시작해야 할 것 같습니다.

호세 1,2은 주님께서 호세아에게 하신 첫 말씀이 "너는 가서 창녀와 창녀의 자식들을 맞아들여라"라는 명령이었다고 전합니다. 뜻밖의 말씀, 전혀 상식 밖의 말씀입니다. 호세아의 혼인 생활은 1-3장에서 여러 가지로 전해지는데, 세부 사항이 일치하지 않기도 합니다. 3장에서 하느님께서는 호세아에게 "너는 가서, 다른 남자를 사랑하여 간음을 저지르는 여자를 사랑해 주어라"(3,1) 하고 말씀하시지요. 이 경우 호세아의 아내가 처음부터 창녀인 것은 아니고 본래 호세아의 아내였는데 혼인 후에 간음을 저지른 것으로 되어 있습니다.

둘 중 어떤 경우이든 호세아의 아내는 남편에게 충실하지 않았습니다. 하느님께서는 그런 여자와 혼인하라고 호세아에게 명하셨습니다. 호세아가 하고 싶은 일은 아니었을 것입니다. 그러나 그 말씀을 들은 호세아가 어떤 반응을 보였는지는 전혀 나오지 않습니다. 하느님의 명을 받기 전에 그가 어디서 어떻게 살고 있었는지도 알 수 없습니다. 의미가 없기 때문입니다. 중요한 것은 오직 하느님께서 그에게 말씀하셨다는 사실, 그리고 그가 그 말씀을 따랐다는 사실입니다. 호세아는 죽을 때까지, 하느님께서 하신 말씀과 행하신 일을 온전히 이해하지 못했습니다. 명하시는 분이 하느님이라는 사실 외에, 그 명령을 정당화할 수 있는 근거나 이유는 하나도 없었습니다.

"그들은 다른 신들에게 돌아서서"(3,1)

호세아가 간음한 아내를 내치지 않고 다시 데려다가 사랑해 주는 것이 무엇을 의미하는지 호세 3,1에서 밝혀집니다. "주님이 이스라엘 자손들을 사랑하는 것처럼 해 주어라. 그들은 다른 신들에게 돌아서서 건포도 과자를 좋아하고 있다."

이 구절이 호세아의 사랑과 혼인의 역사 전체를 이해하기 위한 열쇠가 됩니다. 호세아가 아내에게 한 일은, 개인적으로 충실한 부부 관계의 모범을 보이기 위한 것이 아니라 하느님과 이스라엘의 관계를 보여 주기 위한 것이었습니다. 호세 1장에서 고메르라는 이름으로 등장하는 호세아의 아내는 호세아 시대 이스라엘의 모습을 상징합니다. 이제부터 호세아의 혼인은 이스라엘 역사의 각 단계들을 나타내는 것으로 해석해야 합니다.

기원전 8세기, 이스라엘은 약속된 땅에 왕국을 세우고 살면서 주님이 아닌 다른 신들을 따르고 있었습니다. 가나안 땅에 들어가면서부터 일어난 일이었습니다. 그 전에 하느님과 이스라엘은 다정하게 첫사랑을 나누었습니다. 그 시기가 하느님과 이스라엘의 관계가 맺어진 때였습니다. 그래서 하느님께서는 지금도 "나는 이집트 땅에서부터 주 너의 하느님이다"(12,10; 13,4)라고 상기시키십니다. 하느님께서는 어린 이스라엘을 사랑하시어 이집트에서 불러내셨고(11,1), 이집트 땅에서 올라올 때 이스라엘은 하느님의 사랑에 응답하는 젊은 여자와 같았습니다(2,17).

그러나 그 후 이어지는 역사에서 이스라엘은 "양식과 물, 양털과 아마, 기름과 술을 주는 내 애인들을 쫓아가야지"(2,7) 하며 주 하느님의 사랑을 배반하였습니다. 호세아의 아내가 호세아를 배신하고 다른 남자들을 따라간 것은(2,4-7 참조), 이스라엘이 가나안 땅에 들어와 정착하게 되면서 이집트에서 자신들을 끌어내신 주님을 믿지 않고, 가나안 사람들이 섬기던 풍요의 신 바알이 자신들에게 먹고 마실 것과 입을 것을 마련해 준다고 믿으며 바알을 숭배했던 것을 나타냅니다.

광야에서는 이스라엘의 주 하느님 외에 다른 신이 없었습니다(신명 32,12: "주님 홀로 그를 인도하시고 그 곁에 낯선 신은 하나도 없었다"). 그러나 가나안 땅에 정착하고 농사를 짓기 시작하다 보니, 아무래도 농사는 농사 전문 신에게 맡겨야 할 것 같았습니다. 가나안 사람들은 바알이 폭풍우와 비의 신이라고 믿었습니다. 그러니 이스라엘은 그들에게 "양식과 물, 양털과 아마, 기름과 술"을 주는 분이 누구인지 헷갈렸습니다. "양식과 물, 양털과 아마, 기름과 술을 주는 내 애인들을 쫓아가야지"라는 말은, 이스라엘이 그것들을 주는 이가 "내 애인"으로 일컬어지는 다른 신들이라고 믿고 있음을 보여 줍니다. 건포도 과자는 그 신들에게 바치는 제물이었습니다. 더구나 가나안 사람들은 봄이면 풍요와 다산을 기원하기 위하여 해마다 신들의 결합을 나타내는 성적性的 예식을 거행하기도 했으므로, 그러한 종교의 요소들을 받아들이는 것을 남편에게 불충한 아내의 모습으로 나타낼 수 있었습니다.

그 다음에 호세아가 자신을 배반하고 다른 남자들을 따라간 아내에게 깨달음을 주기 위하여 징계를 했듯이, 이스라엘이 하느님에게서 멀어지고 사랑의 유대를 끊어 버렸을 때도 징벌이 따릅니다(2,11-15 참조). "양식과 물, 양털과 아마, 기름과 술"이 애인들이 주는 것이 아니라는 사실을 알게 하려고 하느님께서는 이스라엘에게서 모든 것을 거두어 가십니다. 애인들에게 아무리 매달려도 이스라엘은 양식과 물을 얻지 못할 것이고, 그제야 "첫 남편에게 되돌아가야지"(2,9) 하면서 그 모든 복이 하느님에게서 오는 것임을 알게 됩니다.

호세 1장에 나오는 호세아의 자녀 이름은 하느님께서 그들을 내치신다는 의미를 담고 있습니다. "이즈르엘"은 이제벨과 아합 집안이 모두 죽임을 당한 곳으로, 이스라엘의 죄악을 드러내는 이름입니다. "로 루하마"는 '가엾이 여김을 받지 못하는 여자', "로 암미"는 '나의 백성이 아니다'라는 뜻으로, 하느님께서 이스라엘과 관계를 끊으려 하신다는 것을 의미합니다. 이스라엘은 하느님을 버리고 다른 신들을 따라간 결과로 정치적 혼란과 사회적 무질서를 겪을 것이고, 결국 아시리아를 임금으로 섬겨야 하는 징벌을 받을 것입니다(11,5 참조).

"나는 너를 영원히 아내로 삼으리라"(2,21)

"그러나"(2,16). 성경에서 매우 중요한 단어입니다. 자꾸만 하느님에게서 멀어져 가는 인간에게 하느님께서는, 너희가 그렇게 했으니 '그러므로' 나는 이렇게 하는 것이 마땅하다고만 주장하지 않으십니다. 인간의 배신을 겪으시면서도, 인간에게 버림을 받으시면서도 '그러나'라고 말씀하시는 분이 하느님입니다. 호세아는 그런 하느님의 모습을 보여 주기 위하여 불충한 아내에게 사랑을 속삭이고 다시 맞아들입니다(2,21-25 참조). 하느님 역시 이스라엘에게 벌을 주시면서도 그를 애절히 사랑하시기에 이스라엘을 다시 데려오시고, "로 루하마"를 가엾이 여기시어 그 이름을 '루하마', 즉 '가엾이 여김을 받는 여자'로 바꾸어 주시고 '로 암미'라는 이름을 "암미", 즉 '내 백성'이라고 바꾸어 주십니다(2,25 참조).

이렇게 해서 이스라엘의 운명이 바뀝니다. 호세아는 하느님과 이스라엘의 관계를 남편과 아내의 관계로 표현한 첫 예언자입니다. 서로 '나는 당신의 것'이라고 말하는 부부 관계가, '나는 너의 하느님이 되고 너희는 나의 백성이 되리라'(레위 26,12; 예레 11,4; 32,38; 에제 14,11; 36,28; 즈카 8,8; 2코린 6,16 등 참조)는 문장으로 표현되는 하느님과 이스라엘의 계약관계와 가장 유사한 인간관계이기 때문입니다. 부부가 갈라질 수 없듯 하느님께서는 이스라엘의 손을 잡고 놓지 않으신다는 것, 이것이 호세아가 보여 주어야 하는 사실이었습니다. 그래서 호세아는 가장 나쁜 아내를 맞아 어떤 일이 있어도 끝까지 그를 사랑해 주어야 했습니다.

/ 신랑이신 하느님 /

하느님과 이스라엘의 관계를 신랑과 신부의 관계로 표현하는 것은 호세아 이후에 예레미야, 에제키엘, 제2이사야에서도 나타납니다. 예레미야와 에제키엘은 사랑을 저버린 이스라엘을 고발하지만, 제2이사야에서 하느님은 "소박맞아 마음 아파하는 아내인 양 퇴박맞은 젊은 시절의 아내인 양"(이사 54,6) 이스라엘을 다시 불러 주십니다. "'산들이 밀려나고 언덕들이 흔들린다 하여도 나의 자애는 너에게서 밀려나지 않고 내 평화의 계약은 흔들리지 아니하리라.' 너를 가엾이 여기시는 주님께서 말씀하신다"(이사 54,10).

5

호세아

"진실도 … 신의도 … 하느님을 아는 예지도"(호세 4,1)

하느님께서는 호세아의 혼인을 통하여 당신과 이스라엘의 관계를 깨우쳐 주려 하셨습니다. 이스라엘이 당신을 저버리고 도망가려 해도 당신은 끝없이 이스라엘을 부르고 사랑하신다는 것입니다. 이스라엘의 상황이 어떠했기에 그런 말씀을 전하려 하셨을까요?

"우찌야, 요탐, 아하즈, 히즈키야 시대에"(1,1)

호세 1,1에서는 호세아가 "이스라엘 임금 여호아스의 아들 예로보암 시대에" 활동했다고 전합니다. 아모 1,1과 같은 표현입니다. 그런데 아모스가 유다 임금 우찌야 시대에 환시를 보았다고 한 반면, 호세아에게 주님의 말씀이 내린 것은 남 왕국 유다의 임금들로 치자면 "우찌야, 요탐, 아하즈, 히즈키야 시대"(1,1)라고 되어 있습니다. 계산이 정확하지는 않습니다. 남 왕국 유다에서 히즈키야가 임금이 되던 때까지 가려면, 북 왕국 이스라엘에서도 예로보암 다음으로 즈카르야, 살룸, 므나헴, 프카흐야, 페카, 호세아 시대까지 가야 하기 때문입니다.

예언서의 내용만으로도 호세아는 아모스보다 더 늦게까지 활동했다는 것이 드러납니다. 하지만 북 왕국 이스라엘의 멸망까지는 나타나지 않기에, 호세아는 멸망 조금 전까지 북 왕국 이스라엘에서 활동했다고 봅니다. 특이한 점이라면, 열두 소예언자 가운데 북 왕국 이스라엘에서 예언 활동을 한 사람은 아모스와 호세아 둘 뿐인데 아모스는 남 왕국 유다 출신이었으므로, 실제로 북 왕국 출신으로 북 왕국에서 활동한 예언자는 호세아 밖에 없다는 사실입니다.

아모스 때민 해도 북 왕국 이스라엘은 태평했습니다. 멸망이 멀지 않았지만 사람들은 그런 줄 모르고 살았습니다. 그러나 호세아 시대에는 혼란상을 볼 수 있습니다. 임금들의 이름만 보십시오. 북이스라엘의 예로보암, 즈카르야, 살룸, 므나헴, 프카흐야, 페카, 호세아, 남유다의 우찌야, 요탐, 아하즈, 히즈키야. 어떻게 한 사람이 이렇게 많은 임금을 겪을 수 있을까요?

아모스의 시대적 배경을 살펴보면서, 예로보암 2세는 40년 동안(기원전 787-747년) 왕위에 있었다고 했습니다. 그다음 25년 동안 북 왕국 이스라엘에서는 여섯 명이 왕위에 올랐습니다. 대부분이 살해되거나 폐위되었기 때문이지요. 아시리아의 세력이 점점 커지던 시기에, 임금이 아시리아에 맞서면 친아시리아 세력이 임금을 죽이고 임금이 아시리아와 화친하려고 하면 반아시리아 세력이 임금을 죽였습니다. 그래서 즈카르야는 왕위에 6개월 있다가 살해되고, 살룸은 1개월 만에 살해되는 등 이스라엘 내부의 정치 상황은 더할 수 없이 불안했습니다.

지금쯤 "아, 복잡해…" 하시는 분들이 계실 것입니다. 이름 몇 개는 건너뛰고 읽으셨지요? 네, 그렇습니다. 이스라엘의 상황이 바로 그랬습니다. 이스라엘은 점점 커져 가는 아시리아의 세력 앞에서 갈팡질팡하고 있었습니다.

"주님께서 이 땅의 주민들을 고소하신다"(4,1)

그렇지 않아도 헤매는 이스라엘에게 호세아는, 주님께서 그들을 고소하신다고 선포합니다. 이스라엘에게는 달갑지 않은 말씀이었을 것입니다. 위험에 처한 이스라엘에게, 다른 누구를 탓할 것이 아니라 이스라엘 자신의 잘못을 돌아봐야 한다고 일깨우는 말씀이기 때문입니다.

고소의 내용은 "진실도 없고 신의도 없으며 하느님을 아는 예지도 없다"(4,1)는 것입니다. 5장 이후에 가면, 이스라엘이 아시리아를 막아 보려 애쓰는 모습이 보입니다. 전에는 원수로 여긴 시리아와 손을 잡고, 남 왕국 유다에게도 함께 아시리아에 저항하도록 압력을 가하고 있습니다. 현재의 어려운 상황에 대해 군사적 대책을 마련합니다. 마치 전쟁이 구원을 가져다줄 수 있는 것처럼 말입니다. 한편 유다는 살아남기 위하여 오히려 이시리아의 도움을 받으려 합니다. 유다 임금 아하즈가 아시리아 임금 티글랏 필에세르에게 금과 은을 보내며 "저는 임금님의 종이며 아들입니다. 올라오시어, 저를 공격하고 있는 아람 임금과 이스라엘 임금의 손아귀에서 저를 구해 주십시오"(2열왕 16,7)라는 말을 전합니다. 나라의 위신이 말이 아닙니다! 그러니 어찌 되겠습니까? 결과를 놓고 보면, 유다는 일단 멸망을 피하지만 아시리아에 종속되는 상황을 피하지는 못합니다.

이스라엘이든 유다든, 그들은 문제의 핵심을 잘못 짚었습니다. 문제는 군사력이 없고 외교 수완이 부족한 데 있는 것이 아니었습니다. "진실", "신의", "하느님을 아는 예지", 그것이 없기 때문에 "저주와 속임수와 살인, 도둑질과 간음이 난무하고 유혈 참극이 그치지" 않습니다. "그러므로 이 땅은 통곡하고 온 주민은 생기를 잃어 간다. 들짐승과 하늘의 새들, 바다의 물고기들마저 죽어"(4,2-3) 갑니다.

이스라엘이 하느님을 알지 못하는 것과, 바다의 물고기들이 죽어 가는 것이 무슨 관계가 있을까요? 하느님께서는 호세아를 통해 '관계가 있다'고 말씀하십니다. 이스라엘의 삶이 올바르지 않기 때문에 하느님께도 다른 사람들에게도 진실한 태도로 살아가지 않습니다. 하느님의 뜻을 찾지 않으며 살기 때문에 세상의 질서가 무너집니다. 노아의 홍수도 같은 모습을 보여 주었습니다. 세상 사람들이 모두 악에 빠졌기 때문에, 그 사람들만 멸망한 것이 아니라 온 땅이 물에 잠기고 방주에 타지 않은 모든 짐승도 다 죽었습니다. 인간은 그만큼 세상의 존망에 대해 책임을 갖고 있습니다.

저는 이렇게 이해합니다. 하느님께서 아담과 하와에게 온갖 생물을 다스리라고 하셨지요(창세 1,26 참조). 그것은 세상에 대한 인간의 책임을 의미할 것입니다. 인간만이 이 지구를 망쳐 놓을 수 있기 때문입니다. 아무리 위험한 짐승이라 한들 그 짐승이 지구를 멸망하게 할 수 있을까요? 없습니다. 이성을 가진 인간만이 하느님의 계획을 거슬러 지구를 멸망시킬 수 있습니다. 그러니 지구가 멸망한다면 인간의 탓입니다. 호세아서에서 말하는 "바다의 물고기들마저 죽어 간다"도 그런 의미입니다. 구약성경의 이러한 직관은 현대에 이르러 새로운 의미로 이해됩니다. 인간의 탐욕과 무절제로 파괴되어 가는 생태계는, 인간의 죄악으로 '이 땅이 통곡한다'는 말이 무엇인지 알게 합니다.

다른 누구 때문이 아니라 이스라엘 자신의 죄악 때문에 땅이 괴로워한다는 것, 이스라엘이 비틀거리게 된다는 것, 이것이 멸망의 위험이 다가오는 이스라엘에 살았던 호세아의 선포였습니다. 이스라엘이 자기 병을 고치려고 아시리아를 찾아가도 아무 소용이 없습니다(5,13 참조). 아시리아에, 이집트에, 군사력에 기대려고 하는 것은 모두 우상 숭배의 다른 형태일 뿐입니다.

"자, 주님께 돌아가자"(6,1)

사제, 백성, 정치 지도자 등 여러 계층에 대한 비판이 이어진 다음에 "자, 주님께 돌아가자"(6,1)는 이스라엘의 말이 나옵니다. 매우 아름다운 회개의 기도 같지만, 우리말 《성경》에는 그 위에 파란색 제목이 붙어 있습니다. '이스라엘의 불성실한 회개'라고요. "그분께서 우리를 잡아 찢으셨지만 … 싸매 주시리라." 문맥 안에서 잘 이해해야 하는 구절입니다. 그냥 이 구절을 읽는다면, 하느님의 자비에 대한 신뢰의 표현이라고 생각할 수도 있습니다. 그러나 지금 이 기도는, 하느님께서 당연히 이스라엘을 살려 주셔야 한다는 요구입니다. 하느님께서는 이스라엘을 벌하실 수 없다, 멸망하게 하실 수 없다는 생각입니다. 하느님을 언제나 내 편이어야 하는 존재로 만드는, 또 언제나 내가 원하는 것을 내주는 자동판매기처럼 만드는 신앙입니다.

그래서 하느님이 꾸짖으십니다. "에프라임아, 내가 너희를 어쩌면 좋겠느냐? … 너희의 신의는 아침 구름 같고 이내 사라지고 마는 이슬 같다"(6,4). 이스라엘에게는 진정한 회개가 필요합니다. 말로만 하느님께 돌아가자고 하는 것이 아니라, 참으로 회개하며 살아야 합니다. 그래서 유명한 구절이 나옵니다. "정녕 내가 바라는 것은 희생 제물이 아니라 신의다. 번제물이 아니라 하느님을 아는 예지다"(6,6).

하느님께서 이스라엘에게 바라시는 것은, 그저 당신의 마음을 알아 달라는 것입니다. "하느님을 아는 예지"라고 말하면 뭔가 거창하고 복잡해 보이지만, 글자 그대로 옮기면 그저 '하느님을 아는 것'입니다. 이스라엘은 하느님을 몰랐습니다. 이것이 가장 큰 문제였습니다. 이스라엘이 언제 하느님을 알게 될까요? 호세아의 아내가 인제 호세아의 사랑을 알았을까요? 집을 나가 본 다음에 비로소 알았습니다. 이스라엘도 마찬가지입니다. 멸망을 겪고 나서야 이스라엘은 하느님의 사랑을 알게 됩니다. 지금까지 하느님을 안다고 생각한 것은 모두 착각이었습니다. 하느님께서 얼마나 괴로우셨을까요? "내가 너희를 어쩌면 좋겠느냐?"는 하느님의 한숨 소리가 들립니다. 호세아가 아내 때문에 한숨을 쉬었듯 하느님께서는 이스라엘 때문에 한숨을 쉬십니다. 누구도 헤아리지 못할 깊은 한숨입니다.

호세아

> "내가 어찌 너를 내버리겠느냐?"(호세 11,8)

성경을 읽다 보면, 요르단강을 건너지 못하고 눈을 감는 모세를 비롯하여(신명 34장 참조) 등장인물들이 불쌍하다는(?) 생각이 드는 경우가 꽤 있습니다. 많은 경우, 사람들은 그들이 겪는 일이 먼 훗날 어떤 의미를 지닐지 모른 채 하느님께서 주시는 몫대로 살아갈 뿐이니까요. 인간이 하느님의 신비를 다 헤아릴 수 없기 때문이리라 생각합니다. 그런데 호세아서를 읽으면 하느님께서 불쌍하시다는(?) 생각이 듭니다. 특히 11장을 읽으면 그렇습니다.

"주님께서 유다를 재판하시어"(12,3)

호세아서에는 고발이 세 차례 나옵니다. 2,4에서 이스라엘을 상징하는 호세아의 아내에 대하여 "고발하여라. 너희 어미를 고발하여라" 하고, 4,1에서는 "주님께서 이 땅의 주민들을 고소하신다"고 하며, 12,3에서는 "주님께서 유다를 재판하시어 …"라고 합니다. '고발하다', '고소하다', '재판하다'로 번역된 말은 히브리어로 모두 '리브(rib)'입니다. 이러한 고발을 시발점으로 호세 1-3장과 4-11장, 12-14장은 각각 이스라엘과 하느님의 법정 논쟁 형식으로 되어 있습니다.

/ 법정 논쟁 /

예언서에서 때때로 사용되는 법정 논쟁은, 재판관이 판결을 내리는 것이 아니라 양편이 시비를 가리는 형태로 되어 있습니다. 여기에서 하느님은 재판관이 아닌 피해자의 입장에서, 잘못을 범한 이스라엘을 고발하십니다.

그런데 1-3장을 호세아의 혼인에 관한 부분으로 치면, 4장 이후의 두 부분은 우선 이스라엘의 죄를 고발한 다음 마지막에 구원을 선포합니다. 4,1-11,7이 심판 선고이면 11,8-11은 구원 선포이고, 12,1-14,1이 심판 선고이면 14,2-9은 구원 선포가 됩니다. '심판-구원, 심판-구원', 이러한 도식이 두 번 반복되는 것이지요. 1-3장에서도 세 번에 걸쳐 불충한 아내를 고발하고 마지막에 그 관계를 회복시키지만, 그 부분은 생략하겠습니다. 아모스서의 경우 구원 선포가 후대에 덧붙여졌다는 점이 거의 명백하지만, 호세아서의 경우는 그리 간단치 않습니다. 호세아의 결혼이라는 사건부터 심판뿐 아니라 심판 후에 있게 될 관계 회복까지 예고하고, 구원을 선포하는 단락을 본문에서 떼어 내기가 어렵기 때문입니다. 그러나 이스라엘의 회개와 새로운 삶을 그린 14,2-9은 거의 후대에 덧붙여진 것으로 봅니다.

"부를수록 멀어져 갔다"(11,2)

호세 11장은 1-3장과 병행됩니다. 1-3장이 배반당한 남편의 한결같은 사랑을 말한다면, 11장은 아들이 알아주지 않아도 변치 않는 아버지의 사랑을 말하기 때문입니다.

하느님께서는 이스라엘을 "나의 그 아들"(11,1), 어린아이라 부르십니다. 그 어린아이가 사랑스러워 이집트에서 불러냈다고 하십니다. 이집트 탈출을 말씀하시는 것이지요. 하지만 "내가 부를수록 그들은 나에게서 멀어져 갔다"(11,2)고 하십니다. 호세아서에서 가장 마음 아픈 부분입니다. 간절히 불러도 외면하고 오히려 멀어져 가기만 하는 아들. 자식을 '웬수'라고 하지요. 아무리 잘못해도 부모와 자녀의 관계는 끊을 수가 없기 때문입니다. 남이라면 절교라도 할 수 있으련만 아들은 그렇게 할 수 없습니다. 아버지가 싫어서 멀어져 가기만 하는 아들도 끝까지 아들입니다.

호세 11,3-4에서는 이스라엘에 대한 하느님의 사랑을 어린 아기를 돌보는 어머니의 사랑으로 표현합니다. 하느님께서 어린 이스라엘에게 걸음마를 가르쳐 주시고, 볼을 비비고 음식을 떠먹여 주셨습니다. 그런데도 이스라엘은 하느님을 배반하려 하고, 그 결과로 멸망을 맞게 될 것입니다(11,5 참조). 이렇게 이스라엘이 자기 죄 때문에 멸망할지라도 하느님께서는 "마음이 미어지고 연민이 북받쳐"(11,8) 이스라엘을 내버리지 못하십니다. 자녀를 내칠 수 없는 부모의 정입니다.

"내가 어찌 너를 내버리겠느냐?"(11,8)

지금까지 호세아서에 여러 차례 나타난 바와 같이 심판에서 구원으로 전환되는 계기가 무엇인지, 이 단락에서 알아볼 수 있습니다. "나는 사람이 아니라 하느님이다"(11,9). 인간은 피해를 입으면 그것을 따져서 갚으려 합니다. 그러나 하느님은 인간처럼 행동하지 않으십니다. 하느님은 오히려 인간의 생각을 초월하는, 인간의 관점에서는 너무 어리석어 보이는 태도를 취하십니다. 끝없이 배반하는 인간을 끝까지 사랑하시는, 분노를 거두고 다시 이스라엘의 손을 붙잡아 주시는 하느님. 이스라엘이 하느님의 손을 계속 뿌리치려 해도 하느님께서는 꼭 붙든 손을 놓지 않으십니다. 참 어리석은 이 사랑이 이스라엘을 주님께 돌아오게 합니다(11,10-11 참조). 이스라엘의 죄보다 더 큰 하느님의 사랑이 결국 이스라엘을 이기는 것입니다.

"주 너희 하느님께 돌아와라"(14,2)

호세아서에서 마지막으로 구원을 선포하는 14,2-9은 후대에 덧붙여진 본문일 가능성이 큽니다. 예전에 호세 14장을 배우고 싶어 호세아서 과목을 수강한 적이 있습니다. 마지막 시간, 신부님은 '14장은 후대에 첨가된 것'이라고만 말하며 책을 덮으셨습니다. 앗! 그러시면 안 되지요. 어떤 본문이 후대에 첨가되었다 해도 그것은 성경 본문입니다. 설령 역사적 인물인 예언자 호세아가 이스라엘의 죄를 고발하고 선포했을 뿐이라고 가정한다 해도, 편집 과정으로 형성된 호세아서라는 책은 미래의 구원을 내다봅니다. 더구나 호세 1-3장에 들어 있는 호세아의 혼인은, 호세아의 근본 메시지가 이스라엘의 죄를 끌어안는 하느님의 사랑에 있다는 점을 뚜렷하게 보여 줍니다.

본문을 보면 14,1까지는 명백한 심판 선고입니다. "임신한 여자들은 배가 갈리리라." 이것이 14,1의 마지막 말씀입니다. 그런데 14,2에서는 아모스서의 경우와 마찬가지로 아무 설명 없이 갑자기 반전이 이뤄집니다. 하느님께서 이스라엘을 부르십니다. 3절 이하의 기도를 읽을 때에는 말하는 사람이 누구인지 잘 살펴야 합니다. "죄악은 모두 없애 주시고 좋은 것은 받아 주십시오…"는 아직 이스라엘이 말하는 것이 아닙니다. 하느님께서 이스라엘에게, 그들이 바쳐야 할 회개의 기도를 가르쳐 주시는 것입니다. 그 기도를 통해 하느님께서는 이스라엘에게 아시리아와 군마와 우상(14,4), 곧 그들이 믿고 의지할 수 있는 모든 것을 버리라고 요구하십니다.

그러나 본문에는, 이스라엘이 하느님께서 가르쳐 주신 대로 기도했다는 말은 나오지 않습니다. 하느님께서는 이스라엘에게 이렇게 기도하라고 말씀하시고서는, 즉시 "나의 분노가 풀렸다"고 선언하십니다. 호세아서 앞부분에서 고메르가 마음을 바로잡아 호세아에게 돌아오는 것이 아니라 호세아가 집 떠나간 고메르를 찾아왔듯, 이스라엘이 먼저 돌아오지 않고 하느님께서 당신 은총으로 이스라엘을 용서하고 "반역만 꾀하는 그들의 마음을 고쳐 주고 기꺼이 그들을 사랑해 주리라"(14,5)고 선포하십니다.

죄를 지은 이스라엘이 회개하였기에 용서받는 것이 아니라, 하느님께서 먼저 용서해 주시기에 이스라엘이 회개합니다. 예레미야나 에제키엘이 말하는 '새 마음', '살로 된 마음'이 떠오르지요. 마음을 돌려 주님께 돌아가는 것이 필요하지 않다는 뜻이 아닙니다. 그 회개를 하느님께서 이루어 주신다는 것입니다. 바오로 사도는 로마서에서 "우리가 아직 죄인이었을 때에 그리스도께서 우리를 위하여 돌아가심으로써, 하느님께서는 우리에 대한 당신의 사랑을 증명해 주셨습니다"(로마 5,8)라고 말하지요. 하느님의 극진한 사랑이 이스라엘을 하느님께 돌아가지 않을 수 없게 합니다. "내가 응답해 주고 돌보아 주는데 에프라임이 우상들과 무슨 상관이 있느냐?"(14,9)

"내가 이스라엘에게 이슬이 되어 주리니"(14,6)

자신의 죄 때문에 하느님과의 관계가 깨지는 체험. 더 이상 자신을 하느님의 백성이라고 내세울 수 없는 처지. 이스라엘은 그 비참함을 겪으면서 하느님을 알게 됩니다. 이제는 정말 하느님께서도 나를 쳐다보지 않으리라고 생각할 때, 하느님께서는 한순간도 내 손을 놓지 않았음을 깨닫습니다. 내가 하느님의 손을 잡고 있는 것이 아니라 하느님께서 내 손을 붙잡고 계셨음을 알기 위해서, 이스라엘은 멸망을 겪어야 했습니다. 스스로 아무것도 없는 처지가 되었을 때, "고아를 가엾이 여기시는 분은 당신뿐"(14,4)임을 깨닫게 되기 때문입니다. 이렇게 메마른 땅 같은 이스라엘에게 하느님께서 이슬이 되어 주실 때 이스라엘은 나리꽃처럼 피어납니다(14,6 참조).

II

남 왕국 유다 예언자들

미카 · 나훔 · 하바쿡
스바니야 · 오바드야

미카

"너 에프라타의 베들레헴아"(미카 5,1)

"오 작은 고을 베들레헴 너 잠들었느냐…." 많이 들어 보셨지요? 그렇다면 미카 예언자를 이미 알고 계신 것이나 다름없습니다. 동방 박사들이 별빛을 보고 예루살렘까지 찾아가 헤로데에게 유다인의 임금으로 태어나신 분이 어디 계시느냐고 물었을 때(마태 2장 참조), 율법학자들은 바로 미카 예언서에서 그 답을 찾아냈습니다. "유다 베들레헴입니다. 사실 예언자가 이렇게 기록해 놓았습니다"(마태 2,5).

모레셋 사람 미카의 시대

미카 1,1은 "유다 임금 요탐, 아하즈, 히즈키야 시대에"라는 말로 시작됩니다. 이사야 예언자와 같은 기원전 8세기입니다(이사 1,1 참조). 이스라엘 역사에서 외세에 시달리지 않은 시대는 거의 없지요. 미카 예언자가 활동한 시대도 예외는 아닙니다. 이 시대의 문제는 여전히 아시리아입니다. 아모스와 호세아는, 북 왕국 이스라엘에서 활동하면서 이스라엘이 아시리아에 멸망하게 될 것을 내다보았습니다. 미카는 남 왕국 유다에서 활동했습니다. 미카의 활동 초기에는 아시리아의 영향이 남 왕국까지 크게 미치지 않았지만, 아시리아에 저항하려 하던 북 왕국 이스라엘과 아람은 유다를 자기편으로 끌어들이려고 전쟁을 벌이기도 했습니다. 이사야서 앞부분의 배경이 되는 상황이지요. 조금 더 늦은 시기가 되면 북 왕국 이스라엘은 아시리아에게 멸망당하고 남 왕국 유다까지 아시리아의 압력을 받게 됩니다.

미카는 이사야와 같은 시대 인물이지만 다른 면도 많습니다. 이사야는 예루살렘 귀족 출신으로 보이는 반면, 미카는 "모레셋 사람"(1,1)이라 일컬어지지요. 모레셋은 예루살렘에서 약 35km 떨어진 작은 마을로, 대지주들에게 시달리는 농민들이 살던 곳입니다. 주변에 아제카, 소코, 라키스, 마레사 같은 요새가 있어 아시리아 군대가 주둔해 있기도 했습니다(1,8-16 참조). 그것은 좋은 일이 아니었습니다. 남 왕국 유다는 아시리아에게 멸망당하지 않았고, 히즈키야 시대에 공격을 받고서도 예루살렘은 끝까지 함락되지 않았습니다(이사 36-37장 참조). 그렇지만 전쟁의 피해는 분명 컸습니다. 예루살렘이 무사했다는 점이 신학적으로는 중요하지만, 예루살렘을 제외한 유다의 거의 모든 지역은 아시리아에게 짓밟혔습니다. 이사 36,1에서도 분명하게, 아시리아의 산헤립이 "유다의 모든 요새 성읍"을 점령했다고 말합니다. 점령군에게서 무엇을 바랄 수 있을까요?

한편으로 대지주들의 착취, 다른 한편으로 점령군의 횡포. 미카는 이러한 불행을 겪는 이들을 가까이에서 보고 있있습니다. 그는 그들에게 멸망을 선포했습니다. 유배 전 예언자들의 예언에서는 심판 선고가 주조를 이루지요. 미카도 마찬가지였습니다. 그는 힘없는 사람의 밭을 빼앗고 집을 차지하며 남의 재산을 유린하는 이들을 질타합니다(2,1-2 참조). 그들은 "선을 미워하고 악을 사랑하며, 사람들의 살갗을 벗겨내고 뼈에서 살을 발라낸다. 그들은 내 백성의 살을 먹고 그

살갗을 벗기며 그 뼈를 바순다. 내 백성을 냄비에 든 살코기처럼, 가마솥에 담긴 고기처럼 잘게 썬다"(3,2-3). 무서운 말씀입니다. 그리고 이러한 죄악 때문에 하느님께서 그들에게서 얼굴을 감추시리라고 말합니다.

"야곱에게 그 죄를 밝히고"(3,8)

억압하고 불의를 저지르는 입장에 있는 사람들, 그리고 힘 있는 사람들은 당연히 미카의 말을 듣기 싫어했습니다. 그런데 그런 사람들이 듣기 좋아하는 말을 해 주는 거짓 예언자도 있었습니다(거짓 예언자는 언제나 있었던 것 같습니다). 먹을 것을 주면 평화를 외치고, 입에 아무것도 넣어 주지 않는 이들에게는 전쟁을 선포하는 이들(3,5 참조)입니다. 누가 내 입에 먹을 것을 넣어 주느냐에 따라 그들의 말은 달라집니다. 정권이 바뀌면 선포하는 말이 달라지고, 누가 큰돈을 주면 또 선포하는 말이 달라지고…. 언론 조작 같지요? 그것이 거짓 예언자입니다. 하느님께서 말씀하시려는 것과 무관하게, 진리와 무관하게 누군가를 위해 말을 해 주고 결국 자기 이익을 챙기는 것이 거짓 예언자의 특성입니다.

미카는 그러한 거짓 예언자를 비판하면서, "나는 야곱에게 그 죄를 밝히고 이스라엘에게 그 죄악을 선포할 힘과 주님의 영으로, 공정과 능력으로 가득 차 있다"(3,8)고 말합니다. 듣기 싫어하는 말을 하는 것은 쉬운 일이 아닙니다. 그것은 나에게 이익을 가져다주지 않습니다. 하지만 이 세상이 아직 완전한 하느님 나라가 아니라면, 천상 예루살렘이 아직 완성되지 않았다면 이 세상에는 하느님의 이름으로 비판해야 할 것이 분명히 있습니다. 또 하느님의 말씀을 전할 때에는 사람들이 듣기 싫어하는 부분이 반드시 있기 마련입니다. 그래서 사람들은 예언자들을 쫓아내고 중상하고 모욕하고, 거짓 예언자들을 좋게 말합니다(루카 6,22-23.26 참조). 미카는 사람들이 거부하는 말씀을 선포하기 위해 '힘', '주님의 영', '공정과 능력'이 있어야 한다고 말합니다. 특히 눈에 띄는 것은 '주님의 영'입니다. 주님의 영을 받지 않고서는 그렇게 담대하게 선포할 수가 없습니다.

얼마 전 어떤 학생이 어려운 질문을 했습니다. "예언자들은 어떻게 자신이 전하는 말씀이 하느님의 말씀인지 확신할 수 있었나요?" 정말 주님의 말씀임을 의심하지 않았기에 그렇게 어려움을 겪으면서도 선포할 수 있었을 텐데, 어디서 그런 확신을 얻었느냐는 의미입니다. 글쎄요, 생각해 보지 않은 질문이었습니다. 역으로는 생각해 볼 수 있겠습니다. 그들이 지닌 확신이 그 말씀이 그들의 것이 아님을 입증합니다.

"너 에프라타의 베들레헴아"(5,1)

이렇게 심판을 선포하는 미카서에는 구원의 약속도 들어 있습니다. 에프라타의 베들레헴에서 태어날 분에 대한 말씀입니다(5,1-5 참조). 이 단락의 여러 구절은 아마도 미카 예언자가 직접 한 말이 아니라 후대에 첨가된 부분이라고 생각됩니다. 심판을 선고한 미카 예언자의 말에 이러한 구원 약속이 첨가되어 미카 예언서라는 하나의 책이 완성됩니다.

여기서는 가난한 이들을 억압하는 지주나 점령군 통치자, 또는 이스라엘의 불의한 통치자와 대비되는 목자에 대한 약속이 나옵니다. "그러나 너 에프라타의 베들레헴아"(5,1). 베들레헴은 다윗의 고향입니다(1사무 17,12 참조). 그러나 베들레헴에서 나올 인물에 대해서는 임금이라는 단어를 사용하지 않고 "이스라엘을 다스릴 이"라고만 말합니다. 예레 30,21에서도 같은 표현을 사용하고, 임금이라는 호칭은 피합니다. 아마도 다윗 왕조가 무너진 다음, '이스라엘의 임금'이라는 호칭은 오직 하느님께만 적용될 수 있다고 여겼기 때문일 것입니다. 장차 올 이스라엘의 통치자는 이전의 임금들과는 다른 인물입니다.

예언자는 그 인물이 목자로서 이스라엘 백성을 돌보리라고 말합니다(5,3 참조). 고대 근동에서 목자는 임금을 가리키는 오래된 상징이었습니다. 목자가 양들을 돌보듯 임금은 한 나라의 백성을 돌본다고 여겼기 때문입니다. 에제 34장에서도 하느님께서는 다윗 왕조가 무너진 다음 이스라엘에게 목자를 주겠다고 약속하시지요.

그런데 미카서에서는 그 목자가 "평화가 되리라"(5,4)고 말합니다. 장차 올 메시아가 평화를 이루리라는 것은 예언서들에서 여러 차례 나타나는 주제입니다. 가장 대표적인 단락이 이사 9,5인데, 그 구절에서는 우리에게 주어질 아들, 태어날 아기의 이름이 "평화의 군왕"이라고 밝힙니다. 즈카 9,9-

10에서는 나귀를 타고 오는 예루살렘의 임금이 온 세상에 평화를 이루시리라고 말합니다. 미카 5,5에서는 "그가 우리를 아시리아에서 구출하리라"고 말하지만, 이 메시아의 역할은 단순히 전쟁에서 이기는 것이 아닙니다. 미카 4장에는 이사 2장에도 들어 있는 유명한 본문이 있습니다. 하느님께서 민족들을 당신 말씀으로 가르치실 때에는 모두가 "칼을 쳐서 보습을 만들고", 다시는 전쟁이 없을 것입니다. 시편 46에서도 노래하듯, 하느님께서는 활을 꺾고 창을 부러뜨리시어 전쟁을 사라지게 하실 것입니다.

 그 평화의 군왕은 예루살렘이 아닌 베들레헴이라는 '보잘것없는' 고을에서 태어납니다. 전쟁에 시달린 이스라엘, 아시리아의 엄청난 군사력 앞에서 벌벌 떤 이스라엘에게 미카서는 평화를 약속합니다. 아시리아 군대가 곳곳에 자리를 잡고 있을 때 하느님께서는 이스라엘에게, 아시리아보다 강한 힘으로 그들을 물리칠 예루살렘의 임금을 약속하시는 것이 아니라 작은 고을에서 태어나 평화를 심을 메시아를 약속하십니다. 그분 때문에 우리도 베들레헴을 기억합니다. "오, 작은 고을 베들레헴 너 잠들었느냐…."

2
미카

"그분께서 이미 너에게 말씀하셨다"(미카 6,8)

한 학기에 예언서들을 모두 다루다 보면 진도를 나가느라 미카 예언서를 자세히 다루지 못하는 경우가 많습니다. 그럴 때 제가 쓰는 방법이 미카 6,8만 읽고 지나가는 것입니다. 사실 미카가 선포하는 내용 가운데 많은 부분이 다른 예언자들에게서 흔히 나오는 억압, 폭력, 헛된 경신례 같은 고전적인 주제입니다. 그러나 미카 6,8은 예언서들의 정신을 놀랍게 요약하고 있습니다.

"주님께서 당신 백성을 고소하시고"(6,2)

앞 단락을 보면, 미카 6,1-5에서는 하느님께서 당신 백성 이스라엘을 고소하십니다. 이 단락은 호세아서에서도 사용되었던 형식인 법정 논쟁으로 되어 있습니다. 피해자가 증인들 앞에서 상대방을 고발하여 시비를 가리는 것입니다. 이 단락에서는 산과 언덕들이 증인으로 호출되고(6,1 참조) 하느님께서 그들 앞에서 고소를 시작하십니다.

"내 백성아, 내가 너희에게 무엇을 하였느냐?"(6,3) 여기서 "내가 너희에게 무엇을 하였느냐?"는 일반적으로 '내 잘못이 무엇이냐?'는 뜻이며, 혐의를 받는 사람이 하는 질문입니다(1사무 17,29 등 참조). 지금 문제가 되는 것은, 이스라엘이 잘못했다는 것에 앞서 하느님께 잘못이 없음을 인정하게 하시려는 것입니다. 그래서 이어지는 고소에서는 하느님 편에서 이스라엘에게 베푸신 역사를 기억하게 하십니다.

첫 번째로 언급되는 것은 이집트 탈출입니다. 언제나 그렇지요. 하느님께서 이스라엘에게 베푸신 가장 큰 은혜는 "종살이하던 집"(6,4)에서 그들을 해방시키신 것입니다. 다음으로는 가나안 땅으로 들어와 영토를 정복하고 정착하는 과정에서 발생한 일이 언급됩니다. "모압 임금 발락이 무슨 계략을 꾸몄는지, 브오르의 아들 발라암이 그에게 무엇이라 대답하였는지"(6,5)는 민수 22-24장의 내용을 가리킵니다. 모압 임금 발락은 이스라엘을 저주하기 위해 발라암을 불러오지만, 발라암은 하느님께서 그에게 일러 주시는 말씀에 따라 오히려 이스라엘을 축복하고 돌아갔습니다. 인간의 음모에 맞서 하느님은 이렇게 이스라엘을 보호하셨습니다. "시팀에서 길갈에 이르기까지"(6,5), 하느님께서는 언제나 이스라엘이 가는 길에서 그들을 돌보아 주셨습니다.

"대답해 보아라"(6,3)

"내 백성아, 내가 너희에게 무엇을 하였느냐?"는 질문을 들으면, 성 금요일에 부르는 '비탄의 노래'가 생각납니다. 첫 구절은 미카서의 말씀과 거의 같습니다. "내 백성아, 내가 너에게 잘못한 것이 무엇이냐?" 이어지는 가사에서 하느님께서는 당신 백성이 은혜를 저버린 것에 대하여 탄식하십니다. 하느님께서는 당신 백성을 이집트 땅에서 구해 내셨지만 그 백성은 구세주를 십자가에 못 박았고, 하느님께서는 당신 백성에게 포도원을 마련해 주셨지만 그 백성은 목마르신 구세주께 신 포도주를 드렸습니다. 하느님께서는 당신 백성 앞을 가로막은 바다를 뚫어 주셨지만 그 백성은 하느님의 가슴을 창으로 뚫었고, 하느님께서는 불기둥으로 당신 백성이 가는 길을 인도하셨지만 그 백성은 하느님을 빌라도 관저로 압송했습니다.

미카서의 말씀도 이와 같은 맥락입니다. 하느님께서 이스라엘을 고소하시는 이유는 이스라엘이 어떤 잘못을 저질렀다기보다 당신의 은혜를 잊었기 때문입니다. 그것이 문제의 근원입니다. 이스라엘이 하느님께서 지키라고 명하신 계명을 생각하기보다 그분이 베푸신 은혜를 먼저 기억했다면, 그들은 저절로 하느님의 뜻에 맞게 살았을 것입니다.

십계명을 주시고 모세의 율법을 주실 때부터 그 근거는 이집트 탈출이었습니다(탈출 20,2 참조). 하느님께서 이스라엘을 해방시켜 주셨기에 이제 그들은 하느님의 백성답게 자유와 해방을 보존하며 정의로운 세상을 만들어 가야 했습니다. 그러지 않는다면 이집트 땅에 살 때와 다를 것이 없었으니까요. 하느님께서 해 주신 일을 기억한다면 이스라엘은 계명을 지킬 수 있고, 하느님을 잊어버릴 때에는 계명을 지킬 수 없습니다. 계명대로 살아야 할 이유가 없어지기 때문입니다.

제물을 바치는 것도 마찬가지입니다. 진심으로 하느님께

감사한다면, 제물을 얼마나 바쳐야 하는지 묻지 않을 것입니다. 제물을 많이 바치지 않더라도, 아주 작은 제물 하나를 바치더라도 거기에 진심이 담겨 있을 것입니다. 감사하는 마음이 없고 제물을 드리고 싶은 마음이 없을 때에는 얼마만큼을 바쳐야 할지 묻게 됩니다. 그것이 바로 미카 6,6-7에 나오는 질문입니다.

"수천 마리 숫양이면 … 기뻐하시겠습니까?"(6,7)

하느님께서 대답해 보라 하시니 이스라엘이 대답합니다. 이스라엘은 자신의 잘못을 압니다. 그런데 하느님을 잊어버려 그분과의 관계가 멀어진 것에 대해 어떤 방법을 취해야 할지는 모릅니다. 아예 엉뚱한 생각을 하고 있습니다.

"내가 무엇을 가지고 주님 앞에 나아가야 합니까?"(6,6) '무엇을'이라는 질문은 상처 입은 관계를 물질적 선물로 되돌리려는 시도입니다. 재물로 하느님을 사려는 시도입니다. 점점 더 큰 선물을 제시하며, 이것이면 되겠느냐고 하느님께 묻습니다. 마치 경매를 하는 것 같습니다. 처음에는 송아지 한 마리를 번제물로 바치면 되겠는지 묻습니다(6,6 참조). 다음에는 수천 마리 숫양을 제시합니다. 그다음에는 만 개의 기름 강이면 기뻐하실지 묻습니다. 단순히 짐승을 잡아 바치는 제물의 양을 늘리는 것으로 되지 않는다면 제 몸의 소생이라도, 맏아들이라도 내놓겠다고 합니다(6,7 참조). 하느님께서 원하시는 것이 무엇인지 몰라 그만큼 드리지 못한다는 듯 말합니다. 나는 정말 훌륭하고 착해서 하느님께서 무엇을 원하는지 알려 주시면 그대로 드릴 수 있는데, 하느님께서 알려 주시지 않는다는 듯이….

"사람아"(6,8)

그렇게 둘러대는 인간에게 하느님께서 "사람아" 하고 말씀하십니다. 모든 사람에게 적용되는 말씀이기에 그렇게 부르시는 것 같습니다. "무엇이 착한 일이고 주님께서 너에게 요구하시는 것이 무엇인지 그분께서 너에게 이미 말씀하셨다"(6,8). 예언서의 구체적 맥락에서 보면 이미 모세의 율법을 통해 다 알려 주셨다는 뜻입니다. 모세 이후로 이스라엘은 더 이상 하느님께서 원하시는 것이 무엇인지 물을 필요가 없습니다. 여호 1,7에서 이미 하느님께서 여호수아에게 '나의 종 모세가 너에게 명령한 모든 율법을 명심하여 실천할 것'을 명하십니다. 그 이후로 예언자들이 하는 일은 새로운 가르침을 주는 것이 아니라 모세의 가르침을 상기시키는 것입니다. 이스라엘이 모세가 가르쳐 준 길에서 벗어날 때에 일깨우는 것이 예언자들의 역할이었습니다. 미카 6,8에서 알려 줄 세 가지 사항 역시 이미 아는 그 지침들의 요약입니다.

하느님께서 인간에게 요구하시는 것 가운데 첫째는 공정입니다. 공정을 실천한다는 것은 법질서를 존중하고 불의를 저지르지 않는 것이겠지만, 구약의 율법에서 공정은 '약자 보호'를 포함합니다. 하느님께서 뜻하신 질서는 인간의 논리를 넘어 소외된 이들의 권리를 찾아 주라는 요구입니다.

둘째는 신의를 사랑하는 것입니다. 신의라고 번역된 히브리어 '헤세드(hesed)'는 번역하기 어려운 단어입니다. 자비, 자애, 충실, 성실, 사랑 등 여러 의미로 옮길 수 있지만, 대략 다른 사람과의 관계에 충실한 것, 남에게 할 바를 해 주는 것을 뜻합니다.

셋째는 '겸손하게 네 하느님과 함께 걷는 것'이라고 번역되는데, 하느님께서 바라시는 것이 무엇인지 늘 주의를 기울이며 그 뜻대로 살아가는 것이라 할 수 있겠습니다.

세 가지 모두 길게 설명하자면 번역이 어렵고 개념도 복잡한 구절입니다. 그러나 짧게 설명한 데에는 이유가 있습니다. 미카 6,8에서는 하느님께서 무엇을 요구하시는지 이미 다 말씀하셨고, 너는 이미 알고 있다고 밝히기 때문입니다. 간단히 말하면, 몰라서 못하는 것이 아니라는 말입니다. J. L. 시크레(Sicre)는 이렇게 말합니다. "이 구절의 의미를 이해하지 못하는 사람은, 자신을 정당화하기 위하여 누가 내 이웃인지 묻는 복음의 율법학자와 유사한 것이다(루카 10,29 참조). 지금의 경우라면 '헤세드'가 무엇인지, 성경에 그 단어가 몇 번 나오는지, 그 동의어와 반의어는 무엇인지 물을 것이다. 성서학자들은 그것을 설명하려는 올가미에 빠진다. 그러나 그보다는 착한 사마리아 사람의 비유를 되풀이하며 '가서 너도 그렇게 하여라'라고 말하는 편이 나을 것이다." 하느님의 구원 업적을 잊지 않고(6,5 참조) 그분 뜻대로 살라는 말입니다. 더 이상의 질문은 이를 실천하지 않기 위한 구실일 따름입니다.

3
나훔

"주님은 보복하시는 분"(나훔 1,2)

꽤 오래 전, 십여 년 전 즈음에 도서관 서가를 걸어 다니는데 책 한 권이 눈에 들어왔습니다. 독일어로 된 E. 쳉어의 책《보복하시는 하느님?(ein Gott der Rache?)》이었습니다. 이 책의 제목은 시편 94,1에서 취한 것이지만, 끝에 붙어 있는 물음표는 이러한 성경 구절을 읽는 독자의 당혹감을 표현해 줍니다.

나훔 예언서도 같은 문제를 제기합니다. 나훔 1,1의 머리글을 접어 두고 나면 본문의 첫 구절이 "주님은 열정을 지니신 분, 보복하시는 하느님, 주님은 보복하시는 분, 진노하시는 분"(1,2)이기 때문입니다. 어떤 상황이었기에 나훔은 이런 구절로 예언을 시작할까요? 우리는 그 예언을 어떻게 이해해야 할까요?

"니네베"(1,1)

나훔서에는 저자에 관한 정보가 거의 들어 있지 않습니다. 나훔 1,1에서 "엘코스 사람 나훔이 본 환시의 책"이라고만 말합니다. 게다가 엘코스가 어디에 있는지도 모릅니다. 암담하지요? 그런데 다행스럽게도 1,1에서 "엘코스 사람…"이라고 하기 전에 사실은 한 줄이 더 있습니다. "니네베에 관한 신탁"이라고요. 여기서 나훔의 시대를 알 수 있습니다. 니네베는 아시리아의 수도였습니다. 그러니 나훔은 유다가 아시리아의 영향을 받던 기원전 7세기의 예언자입니다.

성경에 "보라, 기쁜 소식을 전하는 이, 평화를 알리는 이의 발이 산을 넘어온다"라는 구절이 있습니다. 어디서 나온 구절인지 일부러 안 썼습니다. 어디선가 많이 들어 본 구절입니다. 이사 52,7에서는 '평화를 선포하고 기쁜 소식을 전하는 이의 발이 아름답다'고 말합니다. 거기서 제2이사야가 선포하는 그 '기쁜 소식'은 "주님께서 당신 백성을 위로하시고 예루살렘을 구원하셨다"(이사 52,9)는 것이고, 구체적으로는 바빌론 유배가 끝나고 귀향이 가능하게 된 것을 뜻합니다. 신약에서 바오로 사도도 같은 구절을 인용하면서 예수 그리스도의 "기쁜 소식을 전하는 이들의 발이 얼마나 아름다운가!"(로마 10,15)라고 말합니다. 이사야서와 로마서에서 그 '기쁜 소식'은 구원의 소식입니다.

그런데 나훔 2,1에서 "기쁜 소식을 전하는 이"가 전하는 내용은 "그는 완전히 망하였다"입니다. 여기서 '그'는 니네베 또는 아시리아를 가리킵니다. 이렇게 되면 결국, 성경의 다른 부분에서 구원의 기쁜 소식에 적용하는 표현을 나훔서에서는 니네베의 함락, 아시리아의 멸망에 적용하는 것이 됩니다. 원수의 멸망을 마치 하느님의 구원처럼 여겨 기뻐 환호하는 노래! 그것이 나훔서의 주제이면서 나훔서가 우리에게 제기하는 도전입니다.

그 배경으로 좀 더 들어가 보겠습니다. 아시리아는 엄청난 군사력을 지니고 있었습니다. 기원전 7세기에, 예루살렘을 포위하고 공격하기도 했던 아시리아 임금 산헤립이 티그리스 강가에 니네베를 건설했습니다. 아시리아는 나일강, 페르시아만부터 지중해까지를 정복했고, 정복한 지역에 살고 있던 민족들을 마구 짓밟았습니다. 나훔서는 그런 니네베를 가리켜 "불행하여라, 피의 성읍!"(3,1)이라고 말합니다. "온통 거짓뿐이고 노획물로 가득한데 노략질을 그치지 않는다. 채찍 소리, 요란하게 굴러가는 바퀴 소리, 달려오는 말, 튀어 오르는 병거, 돌격하는 기병, 번뜩이는 칼, 번쩍이는 창, 수없이 살해된 자들, 시체 더미, 끝이 없는 주검. 사람들이 주검에 걸려 비틀거린다"(3,1-3). 더이상 설명이 필요 없습니다.

니네베는 불의와 폭력 그 자체였습니다. 아시리아에 거슬러 일어났던 바빌론과 이집트는 큰 대가를 치러야 했습니다. 바빌론은 기원전 689년에 파괴되었고 이집트의 테베는 663년 또는 668년에 파괴되었습니다. 그러나 아시리아의 권세는 영원하지 않습니다. "네가 테베보다 낫단 말이냐?"(3,8) 이 구절에서 나훔서는 테베가 함락된 후에 작성되었음을 알 수 있습니다. 테베가 멸망을 겪었듯 니네베도 멸망하리라는 것입니다.

/ 고대 바빌론과 신바빌론 /

바빌론이 기원전 689년에 파괴되었다는 말은 혼란을 줄 수 있습니다. 고대 바빌론이 파괴되고 그 후에 신바빌론(기원전 626-539년)이 세워지기 때문입니다. 우리가 이스라엘 역사에 대해 말할 때에 등장하는 바빌론은 보통 신바빌론인데, 지금 이 단락에서는 고대 바빌론을 가리킵니다. 아시리아는 고대 바빌론을 무너뜨리지만, 나중에는 신바빌론이 메디아와 함께 아시리아를 멸망시킵니다.

"보복하시는 하느님"(1,2)

"보복하시는 하느님"이라는 표현은 나훔 1,2-8 노래에 들어 있는 표현입니다. 나훔서는 니네베가 멸망하리라고 말하며 하느님을 보복하시는 분으로 기립니다. 보복하시는 하느님은 무엇을 뜻할까요? 앞서 인용한 시편 94,1-2은 "보복하시는 하느님"이 "세상의 심판자"라고 말하며 "거만한 자들에게 그

행실대로 갚으소서"라고 기원합니다. 여기서 먼저 생각할 것은 '보복'의 의미입니다. 이 보복은 재판의 맥락에서, 불의를 꺾고 정의를 회복하는 것을 말합니다. 그러한 능력을 지니신 하느님을 묘사하여 나훔 1,3-5은, '하느님께서 바다와 강들을 지배하시고 그분 앞에서 산들이 떤다'고 말합니다.

  폭풍이며 회오리바람 이야기를 하는 이유는 일기예보에 관심이 있어서가 아닙니다. 자연의 거센 힘을 지배하시는 하느님은 이 세상의 큰 권세도 다스리신다는 사실을 말하기 위해서입니다. 폭풍이 일고 회오리바람이 불어 집이 날아가고 나무가 뽑혀도 인간이 아무 것도 할 수 없듯이, 아시리아의 힘 앞에 이스라엘과 같이 약한 나라들은, 더구나 힘없이 정복당한 주민들은 아무것도 할 수 없었습니다. 그러나 구름과 바다와 강을 지배하시는 하느님은 폭행과 억압을 저지르며 다른 나라들을 억누르는 대제국보다 더 강하시며, 역사 안에서 당신의 정의를 이루십니다. 하느님은 이유 없이 쉽게 분노하시고 그 분노를 무질서하게 쏟아 놓으시는 분이 아니라, 오히려 "분노에 더디시고"(1,3) "선하신 분"(1,7)이시면서도 불의를 내버려 두지는 않으십니다.

원수의 멸망

그렇다면, 원수의 멸망을 기뻐하는 노래라는 것은 어떻습니까?

요나서에서 하느님께서는 니네베를 가리켜 "오른쪽과 왼쪽을 가릴 줄도 모르는 사람이 십이만 명이나 있고, 또 수많은 짐승이 있는 이 커다란 성읍 니네베를 내가 어찌 동정하지 않을 수 있겠느냐?"(요나 4,11)고 하셨습니다. 어쩌면 이러한 하느님의 모습이 우리에게는 더 마음에 들지 모릅니다. 원수에게도 구원과 자비를 베푸시는 하느님, 그런 하느님이 우리 하느님이셔야 할 것만 같습니다. 하지만 나훔서를 한번 이해하려고 노력해 봅시다. 나훔서도 성경의 예언서 가운데 하나임을 기억하면서, 이 책이 우리에게 알려 주는 하느님은 어떤 하느님이신지 찾아봅시다.

첫째로, 이 노래의 주제는 결국 '하느님의 다스림'이라고 말할 수 있습니다. 저는 저주 시편을 읽을 때마다 "불의가 세상을 덮쳐도 불신이 만연해도…"라는 성가 노랫말이 떠오릅니다. 피의 성읍 니네베, 그 길거리에 살해된 자들의 시체 더

미가 끝도 없이 쌓여 있을 때 하느님께서 계시다고, 하느님께서 이 세상을 다스리신다고 믿는 것이 과연 쉬운 일일까요? 하느님께서 반드시 그 불의한 니네베를 멸하시리라고 믿기가 쉬울까요? 그러나 주님께서는 니네베에게, "내가 너에게 맞서리라"(3,5) 하고 선포하십니다. 인간을 거스르는 억압과 폭행이 바로 온 세상을 통치하시는 주님의 주권을 거부하고 자신이 역사의 흐름을 결정할 수 있기나 한 것처럼 하느님께 맞서는 것이기 때문입니다. 나훔서는 바로 그런 하느님에 대한 신앙을 고백합니다.

두 번째로 생각할 점은, 나훔서가 강대국이 부르는 승리의 노래가 아니라 팽창하는 대제국에 희생된 이들이 지닌 믿음의 표현이라는 사실입니다. 듣는 이의 귀에 거슬리고 걸림돌이 되는 이 노래는 강자에 의해 기록된 역사에는 나오지 않는 고발을 담고 있으며, 다른 어떤 인간적 권력이 아니라 오직 "환난의 날에 피난처가 되어 주시는 분"(1,7)이신 하느님께 희망을 두고 있습니다.

"인간의 고통 앞에서 중립을 지킬 수 없다"는 프란치스코 교

황님의 말씀이 생각납니다. 나훔서는 희생자의 편에서 읽어야 합니다. 나훔서에 대해 거부감을 느낀다면 혹시 내가 승자의 관점에서, 강자의 입장에서 역사를 바라보는 데 너무 길들여 있지 않은지 한 번쯤 반성해 볼 일입니다. 오늘도 세상 어디에선가 목소리 없는 이들이 강자들의 도성을 가리켜 "피의 성읍"(3,1)이라고 부르짖고 있을 것입니다. 나훔서는 하느님께서 그들의 부르짖음을 들으신다고 선포합니다. 하느님께서 그들 편에 계십니다.

4

하바쿡

"내 하소연에 어떻게 대답하시는지 보리라"(하바 2,1)

멋있는 예언자 하바쿡! 하지만 하바쿡은 우리가 잘 알고 있는 예언자는 아닙니다. 여러분이 하바쿡이라는 이름을 안다 해도, 어느 시대 어떤 배경에서 살았는지는 거의 모를 것입니다. 사실 그 시대는 어지러운 시대였고, 그가 선포한 내용도 당시 상황을 반영합니다. 그래서 그가 살던 시대를 먼저 살펴본 다음에 왜 제가 하바쿡이 멋있다고 생각하는지 이야기해 볼까 합니다.

혼란스러운 시대

하바쿡이라는 인물에 대해 알려진 내용은 거의 없습니다. 하바 1,1에서 그저 "하바쿡 예언자가 환시로 본 신탁"이라고 말할 뿐, 그가 언제 어디서 태어났는지는 전혀 알려 주지 않습니다. 책의 내용을 보고 시대를 짐작할 뿐이지만, 사실 그것도 분명치 않습니다. 책의 내용은 당시 역사적 상황과 긴밀하게 엮여 있고 예언자는 외세의 억압과 국내의 불의를 보며 고통스러워하고 질문을 던지지만, 그가 비판하는 대상이 구체적으로 누구인지는 뚜렷하지 않습니다.

임금 이름이라도 한두 번 언급되면 참 좋겠지요. 아쉽게도 그런 것은 없습니다. 구체적인 역사와 연결되는 유일한 고리라면 "이제 내가 사납고 격렬한 민족 칼데아인들을 일으키니"(1,6)라는 언급입니다. 칼데아인들은 바빌론인들을 가리킵니다. 그러나 위험 부담은 있습니다. 혹시 본래의 하바쿡서에는 칼데아인들이 직접 언급되지 않고 그저 '사납고 격렬한 민족'이라고만 되어 있었는데 누군가 그 본문을 바빌론인들에게 적용하기 위해 '칼데아인들'이라는 말을 덧붙인 것일 수도 있기 때문입니다. 더구나 이 한 구절을 제외하면 하바쿡서에는 어떤 이름이나 구체적 사건이 드러나지 않습니다.

또 3장밖에 안 되는 이 책에서 1장은 주로 외세의 억압에 대해, 2장은 외세가 아니라 유다 왕국 자체에서 벌어지는 불의에 대해서 비판합니다. 그다음 3장은 전혀 다른 전망을 열기 때문에 더 갈피를 잡을 수가 없습니다. 도대체 누구를 두고 이야기하는지…. 책 전체가 처음부터 끝까지 하나의 대상을 일관되게 말하는 것도 아닌 듯합니다. 그래서 많은 이는 이 책이 한 번에 형성되지 않고 여러 시대를 거쳐 새로운 내용이 점점 덧붙여졌다고 설명합니다. 다른 한편으로 이렇게 비판의 대상이 불분명하기 때문에, 본문이 완성된 다음에도 여러 시대의 사람들이 자기가 사는 시대를 배경으로 하바쿡서를 읽을 수 있었습니다. 누가 악을 저지르든 그를 대상으로 하바쿡서의 말씀을 적용할 수 있었기 때문이지요.

이렇게 난점이 여러 가지 있지만, "내가 사납고 격렬한 민족 칼데아인들을 일으키리니"라는 말씀을 근거로 하바쿡의 시대를 그려 본다면 그것은 칼데아인들이 일어나기 직전, 곧 아시리아의 지배가 끝나고 바빌론이 패권을 잡기까지인 기원전 7세기 말이 될 것입니다. 나훔 예언서를 읽으면서 아시리아가 얼마나 무자비한 폭력으로 다른 민족들을 억압했는지 이야기했습니다. 그런 아시리아가 기울어 갈 때, 잠시 이집트와 바빌론이 힘을 겨루었습니다. 하바쿡서에서 하느님이 칼데아인들을 일으키겠다고 하시는 것은 아마도 바빌론을 통해 이집트를 치시겠다는 뜻으로 보입니다. 그러나 그 후 사건은 어떻게 전개될까요? 아시리아가 멸망하고 이집트의 기세가 꺾인다고 해서 유다가 외세의 지배에서 완전히 해방되는 것은 아니었습니다. 기원전 612년에는 아시리아의 수도 니네베가 무너지고, 기원전 609년에는 유다의 훌륭한 임금 요시야가 아시리아를 도우러 가던 이집트의 파라오 느코와 맞서 싸우다 전사하고, 기원전 604년에는 카르크미스 전투에서 바빌론이 이집트를 물리쳐 아시리아와 이집트가 아닌 바빌론이 패권을 잡습니다. 그러나 바빌론이라고 유다에게 우호적인 것은 아닙니다. 바빌론은 다시 유다를 괴롭히기 시작하고, 장차 시간이 더 흐르고 나면 바로 그 바빌론이 유다를 멸망시킬 것입니다. 유다에 영향을 미치는 외세의 이름만 아시리아, 이집트, 바빌론으로 교체될 뿐, 억압과 폭력은 이 세상에서 사라지지 않았습니다.

첫 번째 탄원과 응답

이런 배경에서 하바 1,2-2,6에서는 예언자와 하느님의 대화가 두 차례 이루어집니다. 서두에서 예언자는 폭력과 불의가 가득한 세상을 보면서 "당신께서 듣지 않으시는데 제가 언제까지 살려 달라고 부르짖어야 합니까?"(1,2)라고 외칩니다. 하느님께서 이 세상의 악에 무관심하신 듯 보이는 것이 예언자를 괴롭히는 문제입니다. 앞에서 추정했던 연대가 맞다면, 그는 아시리아의 지배와 그 뒤를 이은 이집트의 압력, 그리고 끝없는 외세의 영향 아래 흔들리는 유다의 실정 때문에 부르짖었을 것입니다. 이렇게 혼란스러운 시대에 유다 왕국 내부에도 친아시리아 세력, 친이집트 세력, 친바빌론 세력이 모두 있을 수 있었으니까요.

하바쿡의 부르짖음에 대한 하느님의 첫 번째 응답은, 당신께서 바빌론을 일으키고 그들이 다른 민족들을 꺾으리라는 것입니다. 하바쿡은 바빌론을 하느님의 도구로 봅니다. 사실 바빌론이 아시리아와 이집트를 꺾는다는 것은, 아시리아와 이집트가 저지른 불의에 대한 징벌이라고 볼 수도 있습니다.

그러나 바빌론이 정도를 넘어선 폭력과 불의를 자행한다면 그것은 실제로 하나의 악을 다른 악으로 대체하는 것에 불과할 뿐입니다. 하바쿡서는 거기까지 말하지 않지만, 더 긴 전망에서 보면 아시다시피 유다를 멸망시킨 나라는 아시리아도 이집트도 아닌 바빌론이었습니다. 그렇다면 하느님께서 칼데아인들을 일으키신 것은 어쩌면 유다에게 그리 큰 도움이 되지 않은 것이라고도 생각할 수 있겠습니다.

두 번째 탄원과 응답

하바쿡의 두 번째 탄원은, 그가 하느님의 첫 번째 응답으로 만족하지 못했다는 점을 보여 줍니다. "어찌하여 배신자들을 바라보고만 계시며 악인들이 자기보다 의로운 이를 집어삼켜도 잠자코 계십니까?"(1,13) 하느님께서는 바빌론을 심판의 도구로 세우셨지만, 이제 바빌론이 아시리아나 이집트와 다를 바 없어 다른 민족들을 무자비하게 죽이기 때문입니다. 악인이 의인을 집어삼키는데 어떻게 하느님께서 말없이 계실 수가 있습니까? 하바쿡은 처음부터 끝까지 원수의 악행 때문이 아니라 그 악행을 묵인하시는 듯한 하느님 때문에 괴로워하며 부르짖습니다. 거룩하고 정의로우신 하느님께서 어떻게 악을 보며 잠잠히 계실 수 있습니까? 그는 보초처럼 초소에 서서 하느님의 응답을 기다립니다(2,1 참조).

제가 하바쿡을 멋있다고 생각하는 것은 바로 이 장면 때문입니다. 하바쿡은 기다립니다. 그는 '보초처럼', "성벽 위에 자리 잡고서"(2,1) 살펴보겠다고 말합니다. 하느님께서 어떻게 대답하시는지 보고야 말겠다고 말합니다. 그는 물을 찾아 땅을 파다가 중간에 포기하는 사람이 아닙니다. 물이 나올 때까지 끝없이 땅을 파서 결국 물을 찾아내고야 마는 사람입니다. 일단 한 번 탄원하고 질문을 던졌으면, 대답을 받는 그 순간까지 자리를 깔고 앉아 버팁니다. 물러서지 않습니다.

이렇게 버티는 하바쿡에게 하느님께서 두 번째 응답을 주십니다. 그분은 당신의 정의가 즉시 눈에 보이게 이루어지는 않는다는 점을 전제하면서 그 환시를 기록하도록 하십니다. 환시의 내용이 "정해진 때"를 기다려야 하기 때문입니다. 그리고 예언자에게 "늦어지는 듯하더라도 너는 기다려라"(2,3) 하고 요구하십니다. 하느님께서는 정신이 올바르지 않은 뻔뻔한 이들을 내치시지만, "의인은 성실함으로 산다"(2,4)고 약속하십니다. 이 구절은 로마서에도 인용되었고, 루터가 의화는 믿음으로 이루어지는 것임을 강조하게 된 계기가 되었습니다. 히브리어로 된 하바쿡서의 본문과 그리스어로 된 로마서의 본문은 차이가 있고, 하바쿡서에서 하느님의 말씀은 의인이 그분의 약속을 믿고 충실하게 기다리면 살게 되리라는 것입니다. 어쨌든 중요한 것은 약속을 믿고 끝까지 기다리는 자세입니다.

성벽 위에 자리 잡고 하느님께서 응답하시는지 지켜보는 하바쿡. 그는 멀리서 적군이 나타나면 알아보려고 높은 곳에서 보초를 서는 사람처럼 밤낮으로 하느님께 온 신경을 기울입니다. 하느님께서 응답하실 때를 알아차리기 위해서입니다. 지금 이 세상의 모습이 끝없는 질문을 품게 해도, 하느님께서 언젠가 내 하소연에 응답하시리라 믿고 끝까지 하느님께 눈길을 고정시키는 모습입니다. 저는 하바쿡서에 나타난 어떤 질문이나 대답보다 그 끈질긴 기다림이 마음에 남습니다.

/ 다니엘과 하바쿡 /

다니 14,33-39에는 다니엘이 사자 굴에 갇혀 있을 때 유다의 예언자 하바쿡이 그에게 음식을 가져다주었다는 이야기가 실려 있습니다. 그리스어로 전해지는 이 이야기의 저자가 하바쿡서의 저자로 여겨지는 그 예언자를 생각한 것인지, 아니면 같은 이름의 다른 인물을 생각한 것인지는 분명치 않습니다.

5

하바쿡

"(그러나) 나는 … 기뻐하리라"(하바 3,18)

'그러나', 이 단어가 중요합니다. 하바쿡은 하느님의 응답을 기다리고 있었습니다. 예언자의 탄원과 하느님의 응답, 그다음에 다시 이어지는 예언자의 탄원과 하느님의 응답, 그 두 번째 응답에서 하느님께서는 "지금 이 환시는 정해진 때를 기다린다. … 늦어지는 듯하더라도 너는 기다려라"(2,3) 하고 말씀하셨습니다. 그래서, 기다려서, 어떻게 되었을까요?

"하바쿡 예언자의 기도"(3,1)

3장에 나오는 하바쿡의 노래는 1-2장과 상당히 달라 보입니다. 1,1에는 "하바쿡 예언자가 환시로 본 신탁"이라고 되어 있었는데, 3,1에는 이와 달리 "하바쿡 예언자의 기도"라고 되어 있습니다. 이 기도는 시편과 비슷한 양식으로 되어 있고 전례에서도 사용할 수 있을 만한 형태로 되어 있습니다. 그래서 이 3장을 근거로, 예언자와 하느님의 대화 형식으로 된 1-2장도 전례와 연결 지을 수 있지 않을까 하는 의견이 제기되기도 합니다. 명확한 대답을 하기가 어려운 문제입니다. 그럴 가능성이 커 보이지는 않습니다.

더 많은 이가 지지하는 것은, 3장이 본래 1-2장과 별개였다는 의견입니다. 여러 면에서 이 기도는 앞의 본문과 차이를 보이기 때문입니다. 그래서 대개 3장은 유배 이후 시대에 덧붙여진 것으로 봅니다. 하바쿡은 유배 이전, 기원전 7세기의 예언자였지요. 그러니까 더 오래된 하바쿡서 본문에 후대의 누군가가 3장의 기도를 첨가하였다는 것입니다.

하지만 설령 그랬다 치더라도 현재 문맥에서 3장의 기도는 하느님의 응답에 따른 하바쿡의 고백으로 훌륭하게 자리 잡고 있습니다. 2장에서 하느님께서는 하바쿡에게 환시의 내용이 이루어지기를 기다리라고 하셨습니다. 이 말씀과 함께 하바쿡이 장차 일어날 일에 대한 환시를 보았다면, 3장은 그 환시에 대한 예언자의 응답이 됩니다. 정해진 때를 기다리는 환시, 아마도 앞으로 이루어질 구원을 알려 주었을 것입니다. 하바쿡은 그 구원이 이루어지기를 기다리면서 이 노래를 부릅니다.

"저는 당신의 명성을 들었습니다"(3,2)

이 노래의 앞부분에서는 하늘과 땅을 가득 채우는 하느님의 영광을, 온 세상을 지배하는 하느님의 능력을 노래합니다. 예언자는 과거에 이루어진 하느님의 업적을 알고 있고, 지금 자신이 살아가는 시대에도 하느님께서 그러한 모습을 보이시기를, 그 업적을 되살리시기를 청합니다(3,2 참조). 하바 3,3-15의 신현神顯에 대한 묘사는 이집트 탈출의 기억을 담고 있습니다. 시나이산에서 당신 영광으로 하늘을 덮으신 하느님, 재앙으로 이집트를 치신 하느님, 갈대 바다를 갈라 이스라엘을 해방시키고 파라오의 병거를 멸망시키신 하느님을 기억합니다. 그 하느님은 "당신 백성을 구원하시려고"(3,13) 나오신 하느님이었습니다. 하바쿡은, 과거에 이렇게 큰 권능을 떨치시며 이스라엘을 이집트에서 구해 내신 하느님께 다시 한번 일어나실 것을 간청합니다.

하바쿡은 하느님께서 불의를 심판하시리라고 믿습니다. "나는 우리를 공격하는 백성에게 들이닥칠 환난의 날을 조용히 기다린다"(3,16). 기도를 시작할 때 하느님께 청한 것을 하느님께서 반드시 이루시리라고 믿게 된 것입니다. 이것이 '환시'의 내용이었을 수도 있겠지요. 하느님께서 심판을 약속하셨기에 예언자가 그날을 기다리고 있을 수도 있습니다.

그러나

3,17에서는 하바쿡이 "기다려라"(2,3)라는 주님의 말씀대로 아직 성취되지 않은 희망을 기다리고 있다는 것을 말해 줍니다. "무화과나무는 꽃을 피우지 못하고 포도나무에는 열매가 없을지라도…"

이 단락을 가장 쉽게 이해하는 방법은, 본문을 바꾸어 놓고 읽는 것입니다. '무화과나무는 꽃을 피우고 포도나무에는 열매가 많아서….' 그래서 기쁜 것이 아닙니다. 눈에 보이는 이 세상의 모습은 확실한 희망의 근거를 제시해 주지 못합니다. 구원은 그야말로 싹도 보이지 않습니다. 아직은, '무화과나무는 꽃을 피우지 못하고 포도나무에는 열매가 없을지라도'입니다. 그런데도 하바쿡은 노래합니다. "나는 주님 안에서 즐거워하고 내 구원의 하느님 안에서 기뻐하리라"(3,18).

우리말 《성경》 본문에는 나타나지 않지만, 이 절의 첫머리에는 앞 문장과 대조를 이루는 접속사 '그러나'가 있어야 합니다. 나무에 꽃이 없고 열매가 없어도, 우리에는 양 떼가 없고 외양간에는 소 떼가 없어도, 아시리아든 이집트든 바빌론이든 원수들이 끊임없이 쳐들어오고 불의한 자들이 의인을 잡아먹으며 자신들의 힘으로 세상을 마음대로 휘어잡을 수 있는 듯이 날뛰고 있어도, '그러나 나는' 오직 주님 안에서 기뻐하겠다는 뜻입니다.

하느님께서는 예언자에게 기다리라고 말씀하셨고, 그 약속은 아직 성취되지 않았습니다. 하느님의 정의가 실현된다는 증거가 분명히 보여서가 아니라, 오히려 모든 것이 희망을 잃어버리게 만드는 듯 보여도 '주님 안에서, 내 구원의 하느님 안에서' 기뻐할 수 있다는 것, 이것이 끝없이 하느님께 묻고 물은 하바쿡의 결론일 것입니다. 그래서 마지막에 하바쿡은 "주 하느님은 나의 힘, 그분께서는 내 발을 사슴 같게 하시어 내가 높은 곳을 치닫게 해 주신다"(3,19)고 말합니다.

"내가 높은 곳을 치닫게 해 주신다"(3,19)

하바 1-2장을 읽으면서 하바쿡이 멋있는 예언자라고 했었습니다. 그것은 그의 끈질긴 기다림 때문입니다. 후대에 덧붙여진 3장의 기도가 없었다면, 그의 기다림이 어떻게 끝났을지 여러 가지로 상상할 수 있을 것입니다.

첫 번째 가능성은 단순한 해피엔딩입니다. '하바쿡은 기다렸고 어느 때엔가 그 기다림이 성취되는 것을 보았다.' 가능한 상상이겠지요. 그러나 성경의 이야기들이 보통은 그렇게 끝나지 않는다는 것을 저는 압니다. 어느 순간 약간 도통하듯 알게된 사실이 있는데, 창세기부터 요한 묵시록까지 성경의 결말은 늘 예상치 못한 방식으로 끝난다는 것입니다.

두 번째 가능성은 하바쿡이 기다리다 지쳐 나가떨어지는 장면을 상상하는 것입니다. 하느님께서 기다리라고만 하시니

그럴 수도 있겠지요.

그러나 3장의 기도는 이도 저도 아닌 다른 끝을 보여 줍니다. 그는 약속의 성취를 보지는 못했습니다. 그러나 약속을 믿었고 희망을 가졌습니다. 어쩌면 하바쿡의 희망은 이 세상의 역사가 계속되는 동안에는 완성될 수 없는 희망인지도 모릅니다. 하바쿡서에서는 '불의'의 구체적 얼굴이 드러나지 않습니다. 아시리아와 이집트가 아니라 불의 그 자체가 문제라면, 이상이 완성되는 그날까지 인간 역사에 불의가 남아 있을 것입니다. 하바쿡의 희망은 아마도 세상이 완성되는 종말에야 이루어지겠지요.

그렇지만 3장의 기도는, 하바쿡이 하느님을 기다리면서도 전혀 지치지 않았음을 보여 줍니다. 그는 '희망으로 구원을 받은'(로마 8,24 참조) 사람이었던 것 같습니다. 그는 하느님의 약속에 대한 굳은 신뢰를 바탕으로 사슴처럼 높은 곳으로 치달을 수 있었습니다. 무화과나무에 꽃이 피지 않고 포도나무에 열매가 없어도, 그는 이미 구원의 날에 살고 있었습니다. 하느님의 대답을 들을 때까지 지켜 서서 기다린 하바쿡은, 믿음과 현실의 간격 사이에서 갈등하면서도 응답을 얻을 때까지 씨름하기를 포기하지 않았기에 현실의 어둠 가운데서도 하느님을 찬미할 수 있었던 것입니다.

  수수께끼 같은 비법 하나를 알려 드리겠습니다. 성경에서 큰 단락이 끝날 때 결말은 대개 동화에서 보는 행복한 결말이 아니라, 아직 현실에서 완성되지 않았으면서도 완성에 대한 분명한 희망을 품은 결말입니다. 그래서 신약성경에서는 구약의 인물들을 회상하면서 이렇게 말합니다. "이들은 모두 믿음 속에 죽어 갔습니다. 약속된 것을 받지는 못하였지만 멀리서 그것을 보고 반겼습니다. 그리고 자기들은 이 세상에서 이방인이며 나그네일 따름이라고 고백하였습니다"(히브 11,13). 그리고 신약의 마지막 말도 "오십시오, 주 예수님!"(묵시 22,20) 이라는 기다림의 표현입니다. 우리가 해마다 성탄을 지내고, 또 대림을 지내는 이유가 여기에 있지 않을까요?

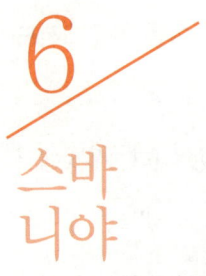

6 스바니야

"그날은 분노의 날"(스바 1,15)

1392년 조선 건국, 1592년 임진왜란. 새로운 소예언자들을 연이어 만나면서 각각의 시대적 배경을 따라가다 보면 어지러울지도 모르겠습니다. 하지만 워낙 중요한 일이 벌어진 시대는 연도만 들어도 어떤 시대였는지 압니다. 그래서 저는 예언자에 대한 이야기를 시작할 때 보통 그 책의 첫 구절에 표시된 기본 사항에서 출발합니다. 스바니야의 경우, 활동 연대만 정확히 기억하고 있으면 무슨 내용을 선포했는지 짐작할 수 있습니다. 답부터 말씀드리면, 스바니야가 활동하기 시작한 때는 기원전 630년경입니다.

"아몬의 아들"(1,1)

스바 1,1에 "아몬의 아들, 유다 임금 요시야 때에 스바니야에게 내린 주님의 말씀"이라고 되어 있습니다. 신명기계 역사서(열왕기)에 따르면 요시야는 다윗 다음으로 훌륭한 임금이었습니다. 하지만 여덟 살에 임금이 되었기에 어린 시절에는 이렇다 할 업적이 없습니다. 그때에는 요시야의 업적보다 이전 임금들의 잘못이 더 강하게 남아 있었습니다. 스바니야가 활동한 것도 그 시대입니다. 그래서 굳이 "아몬의 아들, 요시야 때"라고 밝혀 놓은 것일 수도 있겠지요. 그러니 요시야의 족보를 거슬러 올라가 요시야가 임금이 되었을 때의 상황을 찾아봐야 하겠습니다.

이사야가 활동하던 기원전 8세기, 유다 임금 아하즈는 아람과 이스라엘의 공격을 막아내기 위해 떠오르는 신흥 강국 아시리아에 도움을 청했습니다(이사 7장 참조). 약한 나라가 살아남기 위해 강대국에 도움을 요청한 결과는 뻔합니다. 강대국이 거저 도와주지 않지요. 도움을 준다면 그것은 자국의 이익을 위해서입니다. 마침내 유다는 멸망을 면하지만, 아시리아에 종속되는 것은 피할 수 없었습니다.

아하즈 다음에 즉위한 히즈키야는 아시리아의 영향에서 어느 정도 벗어나려고 했지만, 므나쎄 통치 때 유다 왕국의 상태가 최악에 이릅니다. 다윗 왕조에서 가장 나쁜 평가를 받는 므나쎄는 55년이나 왕좌에 있었습니다. "그는 자기 아버지 히즈키야가 헐어 버린 산당들을 다시 짓고, 바알 제단들을 세웠다"(2열왕 21,3). 이 시기에는 아시리아에서 들어온 각종 우상과 이교 관습이 만연했습니다. 므나쎄는 영매와 점쟁이들을 두었고, 자기 아들을 불 속으로 지나가게 했으며, 자기가 새겨 만든 아세라 목상을 주님의 집 안에 세우기까지 했습니다(21,3-9 참조). 다윗 왕조의 임금이라는 사람이 말입니다. 그래서 열왕기에서는 하느님께서 므나쎄 시대에 이미 유다 왕국을 멸망시키기로 결정하셨다고 말합니다(23,26-27 참조).

므나쎄의 아들 아몬도 마찬가지였습니다. 그래도 재위 기간이 짧았기 때문에 므나쎄만큼 온 나라를 벌집으로 만들어 놓지는 않은 모양입니다. 아니, 므나쎄가 이미 다 해 놔서 할 일이 별로 없었는지도 모르지요. 아몬에 대해서는 그저 자기 아버지와 마찬가지였다고만 말합니다. 그래서 "아몬의 신하들이 임금을 거슬러 모반하여 궁전 안에서 그를 죽였다"(21,23)고 기록되어 있습니다. 다음으로 임금이 된 이가 요시야입니다(기원전 640년).

하느님께 충실한 요시야는 기원전 622년에 신명기의 가르침에 따라 개혁을 단행합니다. 요시야의 개혁은 종교 영역에만 국한된 것이 아니었습니다. 히즈키야의 경우도 마찬가지인데, 이교 풍습을 없애고 야훼 신앙에만 충실하려는 노력은 정치적으로 외세(아시리아)의 영향을 벗어나려는 시도와 늘 병행합니다. 정치적으로 독립하지 않고서 아시리아의 신들을 거부할 수 없기 때문입니다. 또 율법을 충실히 지키며 살고자 한다면 사회 개혁도 하지 않을 수 없습니다. 그래서 요시야의 개혁은 삶의 모든 영역에 영향을 미치게 됩니다.

여기서 잠깐 조금 복잡한 이야기를 해야겠습니다. 스바니야가 활동을 시작한 시기는 짐작할 수 있지만, 활동을 마친 시기는 짐작하기가 매우 어렵습니다. 스바니야서에서 예루살렘의 멸망과 멸망 후의 희망까지 말하는 점을 보아 어떤 이들은 스바니야가 예루살렘이 함락될 때까지도 살아 있었다고 생각합니다. 《주석 성경》 입문에서도 그렇게 봅니다. 그러나 다른 한편으로 스바니야가 니네베의 멸망을 앞으로 다가올 일로 예고하고, 열왕기에 기록된 요시야 임금의 개혁 때 스바니야가 등장하지 않는 것으로 보아 스바니야는 요시야 임금 초기에만 활동했다고 보는 이들도 있습니다. 《주석 성경》 입문에서는 스바니야가 예루살렘 함락까지 "직접 겪었을 가능성이 매우 높다"고 말하지만, 저는 의심하는 입장입니다. 사실 스바니야서에서 어느 부분이 예언자가 활동하던 시대에 작성되었고, 어느 부분이 후대에 첨가되었는지 구분하기는 어렵습니다. 그래서 스바니야가 활동을 시작한 시기만 기원전 630년경으로 잡아 놓고 활동을 마친 시기는 결정하지 않겠습니다. 이 문제는 다음에 다시 제기할 것입니다.

"유다 임금 요시야 때에"(1,1)

어쨌든 스바니야가 활동을 시작한 때는 요시야가 개혁을 단행하기 전이었습니다. 그래서 예언자는 우상을 숭배하는 이들에게 심판을 선고합니다. 유다와 예루살렘은 아시리아 사람들처럼 "지붕 위에서 하늘의 군대를 경배"하고, 암몬 사람들처럼 "밀콤을 두고 맹세"하고 있습니다(1,5). 이런 상황에서는 사회적 불의도 만연할 수밖에 없습니다.

그러니 스바니야가 무슨 말을 하겠습니까? 미카 예언서에서, "주님께서 너에게 요구하시는 것이 무엇인지 그분께서 너에게 이미 말씀하셨다"(미카 6,8)고 했지요. 하느님의 뜻을 거슬러 가는 세상을 보면, 우리는 하느님께서 하시고 싶은 말씀이 무엇인지 알 수 있습니다. 그것을 말할 용기가 있느냐, 그것을 실천하고자 하는 의지가 있느냐 이것이 문제입니다. 스바니야가 선포한 내용은 다름이 아니라 지금까지 길게 묘사한 유다와 예루살렘의 상황에 대한 응답이었습니다. 그는 이 구체적 상황에 대해 말을 합니다.

이전의 예언자들과 마찬가지로 스바니야는 하느님을 거스른 죄와 이웃을 거스른 죄를 고발합니다. 그는 우상 숭배를 고발하고, 교만하게 "주님은 선을 베풀지도 않고 악을 내리지도 않으신다"(1,12)고 생각하면서 폭력과 속임수를 저지르는 이들을 비판하며, 심판이 다가왔다고 선포합니다. 이스라엘을 괴롭힌 모압과 암몬은 소돔과 고모라처럼 되고(2,9), 니네베는 폐허가 되리라고 선포합니다(2,13). 스바니야는 특히 교만을 비판합니다. 암몬과 모압은 이스라엘을 모욕하고 "자기들의 국경에 서서 으스대었다"(2,8)고 하고, 니네베는 "나야, 나밖에 없어!"(2,15)라고 말했다고 합니다. 니네베가 멸망한 것이 기원전 612년이니, 얼마 남지 않은 일이었습니다. 임박한 몰락을 알지 못하고 자기 세력을 자랑하는 이들!

아모스와 나훔이 선포한 '주님의 날'이 스바니야서에서도 중요한 주제가 됩니다. 그날에 대한 스바니야의 묘사는 다른 예언자의 묘사보다 무섭습니다. 득달같이 달려오는 그날은 "분노의 날, 환난과 고난의 날, 파멸과 파괴의 날, 어둠과 암흑의 날, 구름과 먹구름의 날"(1,15)이 될 것이라 예고합니다. 그날은 다른 민족들과 유다를 모두 덮칠 분노의 날입니다. 아모스가 선포한 것처럼, 하느님께서는 다른 민족들을 심판하시고 이스라엘만 구해 주시는 것이 아니라 이스라엘에게도 그날이 어둠의 날이 되게 하십니다. 이스라엘도 그를 거슬러 죄를 지었기 때문입니다.

"불의한 자는 수치를 모르는구나"(3,5)

스바니야서가 심판 선고만 담고 있는 것은 아닙니다. 그러나 스바니야서의 심판 선고는 우리를 섬뜩하게 합니다. 이 무서운 심판 선고를 어떻게 봐야 할까요?

어렸을 때 미술 시간에 하던 '데칼코마니'가 떠오릅니다. 종이를 반으로 접고 펼친 뒤 한 쪽에 여러 색깔의 물감을 짜고 다시 덮은 다음 종이를 문지릅니다. 종이를 펼치면 양쪽에 똑같은 모양이 찍혀 있습니다. 이처럼 스바니야의 심판 선고는 당대의 죄악을 그대로 보여 줍니다. 처음에 말씀드린 것처럼 그 시대를 알면 스바니야가 무슨 말을 했을지 예상할 수 있습니다. 그렇다면 그의 선포는 사실 놀라운 것이 아닐 수도 있습니다.

그러나 그 시대에 스바니야와 같은 말을 한 사람이 과연 몇 명이나 있었을까요? 율법을 알고 있으면서, 그 시대의 죄악을 알고 있으면서 많은 이가 아무 말도 하지 않았습니다. 수치를 몰랐기 때문입니다. 그래도 스바니야 같은 이들이 있었기에 요시야의 개혁을 위한 길이 마련됩니다.

7 / 스바니야

"가난하고 가련한 백성을 남기리니" (스바 3,12)

스바니야가 무서운 주님의 날을 선포하여 예루살렘이 다 끝장났을까요? 아닙니다. 스바니야서는 불의와 억압을 저지르는 예루살렘에게 심판을 선고하면서도 주님의 이름에 피신하는 가난한 이들에게서 새로운 시작이 이루어지리라고 알립니다(3,12-13 참조). 3,12은 스바니야서에서 가장 유명하고 많이 인용되는 구절입니다. 남은 자들, 주님의 가난한 이들에 대한 신학 때문입니다.

구약성경 전체에서 이 본문이 지닌 새로운 점은 가난의 긍정적 의미를 보았다는 것입니다. 이는 유배 후에 자주 보게 될 주제이고 특히 시편에서도 중요한 요소이지만, 부富를 하느님께서 내려 주시는 복의 표지로 여긴 전통에서 보면 새로운 것이었습니다. 일반적으로 '주님의 가난한 이들'에 대한 신학은 스바니야서에서 시작된다고 보고, 그 신학을 이야기할 때 늘 인용되는 것이 이 단락입니다. 그래서 이 단락은 특별히 꼼꼼하게 읽어 보려 합니다.

스바 3,9-12은 아마도 예루살렘이 멸망한 다음에 작성된 것으로 보이기 때문에, 스바니야 예언자가 직접 쓴 것은 아닐 가능성이 높습니다. 그러나 우리가 아모스와 호세아 등 유배 이전 예언자들에게서 보았듯이, 예언서에 덧붙여진 부분은 심판 선고를 더 긴 역사의 전망에서 바라보며 그 의미를 밝혀 주는 역할을 합니다.

"거만스레 흥겨워하는 자들을 치워 버리리라"(3,11)

예루살렘에 대한 심판이 선고된 다음, 하느님께서 예루살렘에게 말씀하십니다. "그날에는 네가 나를 거역하며 저지른 그 모든 행실을 부끄러워하지 않아도 되리라"(3,11). 이것은 하느님께서 해 주시는 약속입니다. 예루살렘이 부끄러워할 필요가 없도록, 하느님께서 그렇게 만들어 주시겠다는 것입니다. '그날에' 곧 예고된 심판이 실현된 후에 예루살렘이 하느님 앞에서 부끄러워할 필요가 없는 것은, 부끄러운 죄악을 저지른 이들을 하느님께서 멸하시어 예루살렘에는 이미 그런 이들이 없을 것이기 때문입니다.

그런데, 심판받을 이들은 "거만스레 흥겨워하는 자들"(3,11)이라고 일컬어집니다. 바로 지금 권세를 누리는 이들, 하느님의 심판을 전혀 생각하지 않는 이들, 히브리어 단어의 뜻으로 풀면 '잘났다고 날뛰고 있는 자들', 루카 복음에서 불행하다고 일컬어지는 "부유한 사람들, 지금 배부른 사람들, 지금 웃는 사람들"(루카 6,24-25)을 하느님께서 "치워 버리리라"고 말씀하시는 것입니다. 사라져야 할 것은 "교만"(3,11)입니다.

스바니야는 위로부터 구원이 오리라고 기대하지 않습니다. 예루살렘의 대신들은 "으르렁거리는 사자들"이고 재판관들은 배를 채울 먹이를 찾는 "저녁 이리 떼"여서 가난한 백성을 더 억압하고 착취할 뿐이고, 예언자들은 믿을 수 없는 "허풍쟁이", 사제들은 "거룩한 것을 더럽히고 율법을 짓밟는" 자들이어서 하느님을 찾지 않습니다(3,3-4 참조). 자신의 이익만 추구하는 기득권자들은 어느 누구도 이스라엘을 정화하고 새롭게 하시는 하느님 계획의 도구가 되기에 적합하지 않습니다. 스바니야는 다른 곳에서 희망을 봅니다.

"가난하고 가련한 백성"(3,12)

하느님께서 예루살렘에서 거만한 자들을 치워 버리셔도 예루살렘에는 남는 이들이 있습니다. "가련하고 가난한 백성"(3,12)입니다. 그들에게서 새로운 이스라엘이 시작됩니다.

후대의 사람들은 영적 가난을 이야기하기도 하지만, 여기서 말하는 "가련하고 가난한 백성"은 글자 그대로 가진 것이 없는 사람입니다. '가련하다'로 번역된 히브리어 형용사 '아니(ani)'를 영적으로 해석하려는 이들이 있지만, '가난하다'로 번역된 히브리어 '달(dal)'은 말 그대로 '빈곤'을 뜻합니다. 물론 2,3에서는 가난하고 겸손한 이들에게 주님을 찾고 의로움과 겸손함을 찾으라고 촉구하고, 그렇게 해야 주님의 분노를 피할 수 있으리라고 말하지만, 그렇다고 여기서 말하는 가난이 순전히 영적으로 해석될 수 있는 것은 아닙니다.

그러나 3,12-13에서 그들에게 약속된 것은 부유함이 아닙니다. 힘 있고 부유한 이들이 사라졌다고 해서 그때까지 억눌리던 이들이 그 부를 차지하게 될 것이라고 말하지 않습니다. 부유함은 그들을 다시 교만하게 만들고, 하느님을 저버리고 불의를 저지르게 할 수도 있습니다. 그러면 같은 역사가 반복될 것입니다. 스바니야는 남은 자들이 "가난하고 가련한" 이들이라고 말합니다.

본문의 나머지 부분에서는 그 가난한 이들을 묘사합니다. 먼저 하느님에 대한 가난한 이들의 태도는 "주님의 이름에 피신"(3,12)하는 것입니다. 구약성경에 '주님의 이름에 피신하다'는 표현은 여기에만 나타나지만, 시편에는 자주 '하느님께 피신한다'는 표현이 사용됩니다. 피신은 위협받는 이들이 취하는 태도입니다. '남은 자들'에게도 위험이 없지 않으리라는 것을 예감할 수 있는 부분입니다. 그 위험이 뭔지는 모르지만, 그들은 위험 앞에서 우상을 찾아가거나(1,4-5 참조) 재산에 의지하지 않습니다(1,18 참조). 대신 하느님의 이름으로 피신합니다.

힘 있는 사람들이 자기 능력이나 재산에 쉽게 의지하는 데 비해 실제 가난한 이들의 희망은 하느님밖에 없습니다. 그래서 부유한 이들의 태도를 대변하는 단어가 "교만"(3,11)이라면 가난한 이들의 태도는 "주님의 이름에 피신"하는 것입니다. 또 이런 까닭에 실제로 가난한 이들이 영적으로 가난하기가 더 쉽고, 하느님의 나라는 가난한 이들의 것이며(루카 6,20), 부자가 하느님 나라에 들어가는 것은 낙타가 바늘구멍으로 들어가는 것만큼 어렵습니다(마태 19,24).

다음 절에서는 그 가난한 이들의 공동체를 묘사합니다. 그 공동체에는 불의와 거짓과 사기가 없습니다(3,13 참조). 이것은 앞서 3,1-4에서 단죄 받은 예루살렘의 모습에 대비됩니다. '불의'는 무엇보다 재판에 연관됩니다. 재판관들이 사리사욕을 앞세웠다면(3,3 참조) 그들의 판결이 정의로울 수 없습니다. 또 예언자와 사제들이 거짓된 말을 하고 율법을 짓밟는다면(3,4 참조) 그들은 하느님의 말씀을 그대로 전하지 않는 것입니다. 그러나 "이스라엘의 남은 자들"(3,13)에게는 그러한 불의와 거짓이 없습니다. 그 가난한 이들이 이전의 지배층과 다른 모습으로 살아갈 때 그들에게서 미래가 열립니다. 아무 위협 없이 살아가는 예루살렘은 "가난하고 가련한 백성"에게서 이루어집니다.

"딸 시온아, 환성을 올려라"(3,14)

지금까지 심판을 선고해 온 스바니야서가 마지막에 와서는 환성을 올리며 소리치라고, 마음껏 기뻐하고 즐거워하라고 초대합니다(3,14). 그뿐만 아니라 하느님께서도 예루살렘 때문에 기뻐하며 즐거워하고, 환성을 올리며 기뻐하시리라고 말합니다(3,17). 하느님과 예루살렘에 대해서 같은 단어들이 사용된 점을 주목하기 바랍니다. 예루살렘이 구원받아 기뻐할 때 하느님도 기뻐하십니다.

그래서 스바니야서의 마지막 장면은 "축제의 날인 양"(3,18) 기쁘게 끝납니다. 유배 이전 예언자들이 모두 그렇듯 스바니야는 심판을, 주님의 분노의 날을 선고했지요. 그런데도 스바니야서는 미래를 말합니다. 심판을 겪으면서도 "남은 자들"이 있을 것이기 때문입니다. 이는 이스라엘이 유배를 겪으면서 얻은 깨달음 가운데 하나입니다. 유다 왕국의 멸망은 끝이 아니고, 하느님과 이스라엘의 관계는 끊어지지 않았으며, 멸망은 새로운 시작을 위한 정화의 과정이었다는 것을 깨닫기 위해서, 누군가는 그 과정을 견뎌 내야 합니다.

누가 그 멸망 속에서 "남은 자들"이 되어 새 이스라엘을 시작할 수 있을까요? 그 대답은 "가난하고 가련한 백성"입니다. 하느님을 거스르는 세상이라면, 이 세상을 따라 살기 위해 하느님의 뜻을 버려야 하는 세상이라면 하느님께 충실한 이들은 가난해질 수밖에 없기 때문입니다. 유다 왕국의 멸망 이후 구약성경이 가난의 긍정적 의미를 보게 된 것은, 세상의 부와 하느님 사이에서 어느 한쪽을 선택해야 하는 처지가 되었기 때문입니다. 스바니야서는 가난한 이들에게 '기쁜 소식이 그들의 것'이라고 말합니다(이사 61,1; 루카 4,18 참조). 아니, 그들에게서 구원의 기쁜 소식이 온 세상에 선포되고 성취되리라고 말합니다. "거만스레 흥겨워하는 자들"이 이런 말씀을 껄끄러워할지라도 새 역사는 불의와 거짓과 사기를 저지르는 그들에게서 시작될 수 없습니다.

오바드야

"에돔을 두고 이렇게 말씀하신다"(오바 1절)

오바드야서는 21절로 되어 있어 구약성경에서 가장 짧고, 그나마 내용도 에돔에게 심판을 선고하는 것이 전부라서 흔히 가까이하지 않는 책입니다. 어쩌다 마음을 잡고 읽어 보려 해도, 예언서에 이런 말씀이 들어 있다는 것이 뭔가 석연치 않은 느낌을 주는 책입니다. 그렇다고 건너뛸 수는 없지요. 무엇이 들어 있나 들여다보기로 합시다.

오바드야?

1절에 "오바드야의 환시"라고 되어 있을 뿐, 이 책은 저자에 대해 한마디도 하지 않습니다. 유다교 전승에서는 1열왕 18장에 나오는 아합의 신하 오바드야가 이 책의 저자라고 주장하기도 합니다. 하지만 이름이 같다는 것 외에 그 두 인물을 연결할 근거는 매우 약합니다. 오바드야에 대해 알 수 있는 것이 아무것도 없다 해도, 오바드야서의 내용이 기원전 587년에 예루살렘이 바빌론의 공격으로 무너질 때 에돔인들이 저지른 일을 비난하고 있으므로 예언자 오바드야는 예루살렘 함락 이후에 활동한 사람이라는 사실 정도는 추측할 수 있습니다.

그러나 저자 문제는 다른 측면에서도 제기됩니다. 이 짧은 책도 한 사람이 모두 쓴 것으로 보지는 않고, 끝부분이 후대에 첨가된 것으로 봅니다. 1절의 머리글이 나온 다음 2-15절에서 에돔에 대한 심판을 이야기하는 데에 비하여 16-21절에서는 에돔뿐 아니라 모든 민족들에게 주님의 날을 선포하고 있기에, 15절까지만 본래 저자가 쓴 것이라고 보기도 합니다. 좀 더 니그럽게(?) 18절까지를 본래 저자의 것으로 보고 19-21절을 첨가된 것으로 보기도 합니다. 결국 정확히 어디까지인지 말하기 어렵지만 먼저 에돔에 대한 심판의 예언이 있었고, 그 후에 에돔이 모든 민족들의 본보기로 간주되어 본문 내용이 확대되었을 것이라고 추정합니다.

설상가상으로 2-9절은 예레 49,7-16과 거의 일치하기에 또 문제가 됩니다. 예레미야서가 오바드야서에 의존한다고 생각해서 오바드야서의 작성 연대를 더 높이 올려 잡는 이들도 있지만, 누가 누구에게 의존하는지 분명치 않습니다. 어쩌면 예레미야서와 오바드야서 모두 또 다른 어떤 자료에 의존했을 수도 있습니다.

생각보다 복잡하지요? 21절짜리 짧은 글이라고 해서 저자 한 명이 단번에 썼으려니 생각하지 마시라는 뜻입니다. 모든 예언서는 여러 사람의 손에 의하여 재해석 과정을 거치면서 형성되었고, 오바드야서도 예외가 아닙니다.

에돔?

다음 질문은 에돔에 대한 것입니다. 예언서 가운데 다른 민족들을 거슬러 심판을 선고하는 책은 여럿 있지요. 그 선고는 온 세상에 대한 하느님의 절대주권을 드러내는 것이기도 하고, 결국 이스라엘에 대해 선포할 말씀의 근거가 되기도 합니다. 그런데 오바드야서는 에돔이라는 한 나라에 대한 심판 선고가 거의 책 전체 내용입니다. 아시리아나 바빌론 같은 강대국도 아닌 에돔에 대해 왜 그렇게 심판을 선고할까요?

구약성경에는 유다와 에돔의 적대 관계를 표현하는 본문이 곳곳에 있습니다. 앞서 언급한 대로 오바 2-9절과 거의 일치하는 예레 49,7-16을 제외하면 오바드야서에 가장 가까운 것은 예루살렘의 함락을 배경으로 하는 시편 137입니다. 유다와 에돔은 형제이면서 계속 갈등을 겪어 온 관계였고, 창세기에서는 이스라엘의 조상 야곱과 에돔의 조상 에사우의 관계를 통해 그 기원을 설명합니다. 야곱과 에사우는 쌍둥이면서 모태에서부터 서로 다투었다고 하지요(창세 25,22 참조). 야곱이 형 에사우에게서 맏아들 권리를 빼앗은 이야기, 아버지를 속여 가면서 마지막 축복까지 가로챈 이야기를 아실 것입니다.

그 후 이어지는 역사에서도 이스라엘과 에돔은 계속 다투었습니다. 유다는 남쪽으로 가는 길을 확보하기 위해서도 에돔과 싸웠지만, 특히 에돔의 광산을 차지하고 싶어 했습니다. 다윗은 에돔인 만 팔천 명을 죽이고 그 땅을 차지했습니다(2사무 8,13-14 참조). 에돔이 다시 독립하여 자신들의 임금을 세우기까지는 오랜 기간이 흘러야 했습니다(2열왕 8,20-22 참조). 이 이야기를 다 들려드리는 이유는 에돔만 이스라엘에게 잘못한 것이 아니라는 사실을 알려드리기 위해서입니다. 이스라엘은 에돔을 억압했고, 에돔은 원한이 사무쳤을 것입니다. 그래서 에제키엘은 에돔이 "옛날부터 적개심을 품고, 이스라엘 자손들이 환난을 당할 때, 그들이 마지막 벌을 받을 때, 그들을 칼날에 넘겨 버렸다"(에제 35,5)고 말합니다.

"네 아우의 날을, 그 재난의 날을"(12절)

이렇게 고대부터 이스라엘과 에돔의 관계를 살펴본다면, 이스라엘과 에돔은 내내 적대적인 관계에 있었습니다. 그러나 유배 후에 에돔을 비난하는 여러 본문이 생겨나게 된 계기는 예루살렘이 함락될 때에 에돔이 바빌론 군대와 연합하여 유다를 황폐화하는 데 한몫을 했기 때문입니다. 에돔은 유다의 멸망을 기뻐하고 그 틈을 타 헤브론에 수도를 세웠습니다. 그래서 오바드야는 에돔에게 "너는 네 아우의 날을, 그

재난의 날을 흐뭇하게 바라보지 말아야 했다"(12절)라고 말하고, 시편에서는 바빌론에 대한 저주와 함께 에돔을 저주하며 "주님, 에돔의 자손들을 거슬러 예루살렘의 그날을 생각하소서. 저들은 말하였습니다. '허물어라, 허물어라, 그 밑바닥까지!'"(시편 137,7)라고 부르짖습니다.

오바드야가 편파적이라고 느껴집니까? 에돔이 옛 원한을 품고 형제의 멸망을 기뻐하는 것이 나쁘다면, 그런 에돔에게 "네가 한 그대로 너도 당하고 너의 행실이 네 머리 위로 돌아가리라"(15절)고 말하는 오바드야서의 잔인함은 어떻습니까? 다윗이 에돔의 모든 남자를 죽였다는 것은 어떻습니까?(1열왕 11,15 참조) 형제가 원수가 되면 그 어떤 원수보다 더 무서워지는 것이던가요?

오바드야서를 읽으며 느끼는 이러한 불편함에 대해 어떤 이는, 그렇게 바라보는 우리의 시각이 오바드야에게 부당하다고 말합니다. 오바드야는 다윗 시대가 아니라 기원전 6세기에 살았고, 그가 전달하고자 하는 메시지를 지금 우리의 관점에서 판단하는 것이 옳지 않다는 의미입니다.

오바드야는 무엇인가를 고발합니다. 단순히 에돔이 나쁘다는 것뿐 아니라 에돔과 이스라엘이라는 이름 뒤에 있는 어떤 악을 고발합니다. 폭력의 악순환, 끝없는 보복입니다. 어느 순간에는 그것을 종식시켜야 한다는 것입니다. 그래야만 새로운 미래가 시작될 수 있기 때문입니다. 물론 이스라엘 편에서 먼저 보복을 멈추라고 하지 않고 에돔에게 멈추어야 한다고 말하는 것은 오바드야서의 한계라고 볼 수 있습니다. 에돔에게 그 악이 그대로 돌아가기를 기원하지 않고 이스라엘 편에서 먼저 멈추었다면 더는 불행이 되풀이되지 않았겠지요.

"주님의 날"(15절)

오바드야가 선포하는 주님의 날은 악의 순환을 끝내는 날입니다. 이렇게 생각해 볼 수 있을 것 같습니다. 에돔과 이스라엘이 서로 복수를 계속하고 있다면, 주님의 날이 올 때 에돔에게만 심판이 내리지는 않을 것입니다. 그 순간 이스라엘이 에돔에게 다시 복수하고 있다면 주님의 날은 이스라엘의 복수를 중단시키는 날이 될 것입니다. 오바드야서를 두고 이스라엘은 항상 옳고 에돔은 항상 그르다고 말할 수 없습니다.

그른 것은 자신이 받은 악을 악으로 갚는 쪽입니다.

그리고, 심판을 선고한 여러 예언서가 그랬듯이 오바드야서도 멸망과 복수로 역사가 끝나리라고 말하지는 않습니다. 그 복수가 멈추는 날, "구원받은 이들은 시온산으로 올라와 에사우산을 다스리리니 이 나라는 주님의 나라가 되리라"(21절)는 것이 오바드야서의 마지막 구절입니다. 이렇게 오바드야서의 예언은 에돔의 멸망으로 끝나지 않고, 시온에 주님의 나라가 서는 것으로 끝납니다. 에돔에 대한 저주라는 주제가 구약의 다른 부분에도 나온다면, 시온에 새로운 이스라엘이 모여들게 되는 것 역시 여러 예언서에서 볼 수 있는 주제입니다(대표적 예로 이사 2장; 즈카 14장 등). 이러한 본문의 문맥에서 시온산에 세워질 주님의 나라는 불의와 폭력, 악에 대한 심판이 있은 다음에 이루어질 평화의 나라입니다. "한 민족이 다른 민족을 거슬러 칼을 쳐들지도 않고 다시는 전쟁을 배위 익히지도 않으리라"(이사 2,4).

오늘도 분쟁이 그치지 않고 있는 그 땅을 기억하며 평화를 기원합니다. 오바드야를 비판하기보다, 이 시대 우리의 모습은 어떠한지 돌아보아야 할 것입니다.

III

귀향 후 예언자들

요엘 · 하까이
즈카르야 · 요나 · 말라키

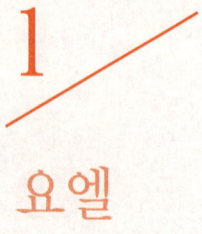

요엘

"풀무치가 남긴 것은 메뚜기가 먹고"(요엘 1,4)

'요엘' 하면 '메뚜기', 이것만 기억하시면 됩니다. 너무 심하게 들리나요? 메뚜기 재앙이 어쨌다는 것인지 알면 요엘 예언서를 아는 것입니다. 사실 열두 소예언서를 구별하고, 각각의 내용을 기억하는 것은 쉬운 일이 아닙니다. 이 책을 다 읽고 나서 퀴즈 풀이라도 한다면 금방 드러나겠지요! 그러니까 열쇠 하나를 붙잡고 거기부터 풀어 가야 합니다. 요엘 이야기를 시작하기 위한 열쇠가 메뚜기입니다. 그 메뚜기는 우리에게, 앞서 예언자들이 선포했던 주님의 날이 꼭 오고야 말리라는 것을 상기시킵니다.

메뚜기 재앙은 어느 시대에?

메뚜기 재앙은 어느 시대에 있었을까요? 요즘은 보통 요엘 예언서가 기원전 4세기 전반에 작성된 책이라고 생각합니다. 하지만 그 결론이 그리 쉽게 나온 것은 아닙니다. 요엘이라는 인물에 대해 이 책이 말하는 것은 "프투엘의 아들 요엘에게 내린 주님의 말씀"(1,1)이라는 한 구절밖에 없고, 메뚜기 재앙 사건은 어느 시대에나 있을 수 있기 때문입니다. 메뚜기 재앙 외의 역사적 사건은 요엘서에 기록되어 있지 않습니다.

요엘서에서 말하는 메뚜기 재앙이 실제 있었던 사건이라 해도, 우리는 그것이 언제였는지 밝혀내지 못할 것입니다. 우리나라에서 태풍이 그렇듯 이스라엘에서 메뚜기 재앙은 수시로 발생할 수 있는 일이니까요. 그러다 보니 요엘서의 작성 연대에 대해서는 기원전 9세기부터 기원전 3세기까지 아주 다양한 의견이 있었습니다. 성경에 요엘서가 열두 소예언서 가운데 두 번째 위치인 호세아서와 아모스서 사이에 자리하는 것도 요엘이 호세아나 아모스 같은 옛 예언자라는 생각 때문이었을 것입니다.

한술 더 떠서, 요엘서 전체가 같은 시대를 배경으로 하는 것인지에 대해서도 의견이 갈립니다. 요엘서의 내용은 크게 두 가지, '메뚜기 재앙'과 '주님의 날'입니다. 그런데 그 둘은 무슨 관계일까요? 그 둘의 연관을 좀 느슨한 것으로 본다면, 먼저 메뚜기 재앙에 대해 말하는 본문이 있었는데(1-2장) 나중에 거기에 다른 저자가 종말을 이야기하는 본문을 덧붙였다고 설명할 수 있습니다(3-4장). 전에는 이렇게 보는 이가 많았습니다. 하지만 근래에 와서는 요엘서의 단일성을 더 강조하여, 우리의 열쇠인 메뚜기 재앙을 기술한 저자가 이를 통해 주님의 날의 위력을 표현하고 점차 보편적이며 종말론적 전망을 열어 간 것이라고 생각합니다.

이렇게 되면 책 전체의 작성 연대를 유배 이후로 잡게 됩니다. 요엘은 유배 직전에 활동한 예레미야와 같은 다른 예언자들을 인용하고, 4,1-3은 예루살렘 함락을 기정사실로 전제하기 때문입니다. 또 본문에서 임금이나 궁정의 관료가 아니라 사제의 역할을 주로 언급하고 있어, 왕정이 이미 무너진 시대를 배경으로 하는 듯 보입니다. 그리스인을 언급하는 4,6은 더 후대에 첨가된 것으로 보지만 그것은 예외적 경우로 볼 수 있습니다. 그래서 책 전체가 기원전 4세기 초쯤에 작성되었으리라고 보게 되는 것입니다. 이렇게 한참 설명한 이유는, 메뚜기 재앙과 주님의 날을 긴밀하게 연결하여 책 전체를 해석하기 위해서입니다.

"풀무치가 남긴 것은 메뚜기가 먹고"(1,4)

요엘서 전체에 통일성을 부여하는 것은 3-4장뿐 아니라 1,15; 2,1-2.10.11에도 언급되는 '주님의 날'입니다. 1장에서 출발점으로 삼는 것은 이전 어느 시대에도 없었던 엄청난 메뚜기 재앙과 가뭄이지만, 이는 사실 그러한 자연재해보다 더 무서운 주님의 날이 가까움을 알리는 전조입니다.

"풀무치가 남긴 것은 메뚜기가 먹고, 메뚜기가 남긴 것은 누리가 먹고, 누리가 남긴 것은 황충이 먹어 버렸다"(1,4). 풀무치, 메뚜기, 누리, 황충이라고 번역한 단어들의 의미는 뚜렷하지 않습니다. 서로 다른 곤충을 말하는 것일 수도 있고, 메뚜기의 성장 단계를 가리키는 것일 수도 있습니다. 하여튼 반복되는 메뚜기 떼의 공격에 농작물이 남아나지 않습니다.

포도, 무화과, 석류, 야자, 사과, 밀, 보리, 기름(1,10-12) 중에 무엇 하나 수확할 것이 없습니다.

한편 2장에서는 "수가 많고 힘센 민족"(2,2)의 침입을 이야기합니다. 그런데 2장에 묘사된 적군의 모습은 1장에서 말한 메뚜기 떼의 모습과 겹칩니다. '라 쿠카라차' 노래를 기억하십니까? "병정들이 전진한다/ 이 마을 저 마을 지나…." 여기서 묘사하는 병정들은 쿠카라차, 곧 바퀴벌레이지요. 바퀴벌레를 두고 아름답다고 노래하는 것이 이상하긴 하지만, 그와 마찬가지로 요엘 2장에서 말과 같이 달리며 병거와 같은 소리를 내고 용사처럼 달려오고 전사처럼 성벽에 오르는 것이 메뚜기일 수도 있습니다. 메뚜기가 별것 아닌 것 같아도, 엄청난 수가 몰려오면 당해 낼 수 없기 때문입니다. 앞서 요엘 1,6에서는 메뚜기 떼에 대해 "셀 수 없이 많고 힘센 족속"이라는 표현을 사용했습니다.

그래서 어쨌다는 것일까요? 메뚜기가 몰려드는데 예언자가 할 말은 무엇일까요? 메뚜기 떼, 가뭄, 외적의 침입과 같은 상황에서 요엘은, 지금 눈앞에 보이는 상황만 한탄할 것이 아니라 앞으로 다가올 주님의 날을 대비하라고 말합니다(2,1

참조). 아모스, 나훔, 스바니야, 오바드야 등 이미 여러 예언자가 주님의 날을 선포했기에 주님의 날에 대해서는 잘 아실 것입니다. 주님의 날은 심판의 날입니다. 다른 예언자들과 마찬가지로 요엘도 "주님의 날은 큰 날, 너무도 무서운 날, 누가 그것을 견디어 내랴?"(2,11) 하고 말합니다. 무서운 메뚜기 떼 재앙을 보면서, 그보다 더 두려워해야 할 것은 주님의 날임을 생각하라는 의미입니다. 요엘은 그날이 반드시 오고야 말리라고 선포합니다.

"마음을 다하여 나에게 돌아오너라"(2,12)

그렇다면 주님의 날에 대비하여 무엇을 해야 할까요? 이제 이스라엘이 유배를 체험한 후에 중시되었던 주제들이 나옵니다.

무엇보다 우선해야 할 것은 회개입니다(2,12-17 참조). "옷이 아니라 너희 마음을 찢어라"(2,13)는 유명한 구절이 여기에도 나옵니다. 이스라엘은 단식하고 울고 슬퍼하며 하느님께 돌아가야 합니다. 그러나 회개가 전부는 아닙니다. 용서는 하느님께서 당신의 자유로운 의지로 베푸시는 선물이지,

화학반응처럼 자동적으로 나오는 결과가 아니기 때문입니다. 회개가 구원의 길이 되기 위해서는 하느님의 자비가 있어야 합니다. 하느님께서 용서를 베푸는 분이 아니시라면, 아무리 울며불며 땅을 쳐도 소용이 없습니다. 회개를 권고하면서 "그가 다시 후회하여 그 뒤에 복을 남겨 줄지 주 너희 하느님에게 바칠 곡식 제물과 제주를 남겨 줄지 누가 아느냐?"(2,14)라고 말하는 요엘 예언자는 하느님의 지고한 자유를 감히 침범하지 않습니다. 유배를 겪은 이스라엘은 자기의 공로로 하느님의 사랑, 선택, 특별한 관계를 요구할 수 없음을 압니다.

이러한 맥락에서 중요한 의미를 지니는 것이 탈출 34,6-7에서 선포된 하느님의 두 번째 이름, "그는 너그럽고 자비로운 이, 분노에 더디고 자애가 큰 이"(요엘 2,13)입니다. 요엘서뿐 아니라 다른 예언서나 시편에서, 특히 유배 후의 본문 여러 곳에서 이 구절을 인용하는 것을 볼 수 있습니다. 이미 멸망을 겪은 시점에서 하느님의 자비만이 이스라엘이 살 수 있는 길이었기 때문입니다. 탈출기에서 첫 번째 돌 판이 깨진 후, 곧 계약이 파기되고 하느님과 이스라엘의 관계가 단절된 후 하느님께서 온전히 당신의 주도권으로 다시 그 관계를 회복시키면서 알려 주신 당신의 이 이름은, 스스로 아무것도 내세울 것이 없음을 알고 있던 이스라엘에게 희망의 바탕이 되었습니다. 그래서 요엘 예언자도, 잘못을 저지른 이스라엘에게 너그럽게 용서를 베푸시는 하느님께 마음을 찢으며 돌아가자고 말합니다. 하느님께서는 당신 백성을 불쌍히 여기시고, 그들이 다시 주 하느님 안에서 즐거워하고 기뻐하도록 해 주십니다(2,18-27 참조).

전염병이 퍼지고 쓰나미가 몰려오고 전쟁이 일어나면, 그것이 천벌이라고 말하며 누군가를 죄인처럼 쳐다보는 이들이 있습니다. 바른 태도가 아닙니다. 전염병과 쓰나미와 전쟁, 메뚜기 떼는 우리가 지금 소유하고 누리는 것이 언젠가 무너질 수 있음을 일깨워 줍니다. 사라져 갈 것과 영원히 남을 것을 구별하게 해 주고, 모든 것이 허물어지고 아무것도 없이 하느님과 마주할 날이 있음을 생각하게 합니다. 그것이 우리에게는 '주님의 날'입니다. 모든 것을 갉아 먹는 메뚜기 떼 재앙은 우리에게 '주님의 날'을 준비하라고 말합니다.

요엘

"유다와 예루살렘의 운명을 되돌려 줄 그날"(요엘 4,1)

메뚜기 재앙을 보며 주님의 날을 예고한 요엘은, 그러면서도 언젠가 하느님께서 유다와 예루살렘의 운명을 되돌려 주시리라고 선포했습니다. 그 말을 믿어도 될까요? 헛된 희망이 아닐까요?

예레미야와 달리

요엘에게 메뚜기 떼 재앙이 있었다면 예레미야에게는 가뭄이 있었습니다(예레 14-15장 참조). 그 가뭄 역시 피할 수 없이 다가오는 심판의 예고였습니다. 예레미야 시대에는 단식하고 제물을 바쳐도 소용이 없었습니다. 하느님께서 그들의 기도를 듣지도 않겠다 하셨고, 예레미야에게마저 그 백성을 위해 기도하지 말라고 하셨습니다. 이스라엘을 심판하시겠다는 당신의 결정을 결코 돌이키지 않겠다는 뜻입니다. 가뭄은 더 큰 재앙, 전쟁과 질병과 다윗 왕조의 몰락을 알리는 전조였습니다.

그런데 요엘은 하느님께서 자비롭고 너그러우시다는 데 의지하여, "그가 다시 후회하여 그 뒤에 복을 남겨 줄지 주 너희 하느님에게 바칠 곡식 제물과 제주를 남겨 줄 지 누가 아느냐?"(2,14)라고 했습니다. 물론 그 역시 주님의 날이 무서운 날이라는 것을 알았고, 메뚜기 떼 재앙보다 훨씬 더 두려워해야 할 날이라는 것도 알았습니다. 그러나 그는 하느님께서 마음을 돌이키시리라는 희망을 갖고 있습니다.

어떤 이들은, 만일 예레미야와 요엘이 같은 시대에 살았다면 예레미야는 구원의 희망을 품었던 요엘을 거짓 예언자라고 비판했을 것이라고 말합니다. 그렇지요, 예레미야는 성전이 무너지지 않고 유다 왕국이 멸망하지 않으리라고 말하는 이들이 백성을 현혹시킨다고 맹렬히 비난했습니다(예레 7장; 26장 참조). 또 요엘은 "단식하고 울고 슬퍼하면서 마음을 다하여"(2,12) 하느님께 돌아가자고 했습니다. 예레미야가 각종 예식은 아무 쓸모가 없다고 한 것과도 대비됩니다. 두 예언자는 왜 이렇게 차이가 날까요?

그 대답은 아마도 예레미야와 요엘이 같은 시대의 예언자가 아니었다는 데에서 찾을 수 있을 것입니다. 예레미야는 기원전 6세기, 예루살렘이 멸망하기 전의 예언자입니다. 유배 전 예언자들의 공통된 특징은 심판 선고였습니다. 그런데 요엘이 유배 후 예언자라면 상황이 달라집니다. 특히 요엘이 다른 예언자들의 말을 계속 인용하고 있다는 점을 고려할 때, 요엘과 예레미야의 관계는 대립이 아닌 다른 각도에서 생각해 볼 수 있습니다.

요엘의 시대, 예루살렘은 이미 예레미야가 예고한 바와 같이 멸망했고 왕정은 무너졌습니다. 그러니 이제는 구원을 기다릴 때입니다. 요엘보다 앞서 에제키엘과 같은 예언자들이 이스라엘의 회복을 예언했습니다. 그다음 요엘은 이제 곧 약속이 성취될 날이 오리라고 선포합니다.

이러한 전망에서 보면, 이스라엘 예언의 역사에서 요엘의 메시지는 위협이 아닌 위로와 격려의 말이었다고 이해할 수 있습니다. 요엘은 예레미야가 선포한 것 같은 재앙이 닥치지 않으리라고 말하지 않습니다. 심판은 분명 닥칠 것입니다. 아니, 이미 예루살렘은 심판을 받았습니다. 하지만 요엘은 그 심판이 전부가 아니라는 것을 알기 때문에 "그런 다음에"(3,1) 무슨 일이 일어날지를 말합니다. 심판, 즉 예루살렘의 멸망이 하느님과 이스라엘의 관계를 완전히 무효로 만든 것은 아니라는 사실, 이것이 이스라엘 예언의 역사를 볼 때에 우리가 잊지 않아야 할 사실입니다. 그 멸망은 구원 역사의 일부였기 때문입니다. 이제 요엘이 선포한 미래를 들여다보겠습니다.

"모든 사람에게 내 영을 부어 주리라"(3,1)

하느님께서는 요엘 2,12-17에서 이스라엘에게 회개를 촉구하신 다음, 2,18-27에서는 마음을 바꾸시어 이스라엘에 내려 주실 복을 이야기하십니다. 곡식, 햇포도주, 햇기름, 무화과, 포도 등 잃어버렸던 모든 것이 회복됩니다. 가을비와 봄비가 내리고, 메뚜기가 갉아 먹은 것도 하느님께서 갚아 주신다는 것입니다.

그 이유는 주님께서 "당신 땅에 열정을 품으시고 당신 백성을 불쌍히 여기셨다"(2,18)는 것으로 설명됩니다. 여기서 '열정'으로 번역한 단어는 보통 '질투'를 뜻하는 단어입니다. 하느님을 일컬어 '질투하시는 하느님'이라고 할 때에 사용되는 그 단어입니다. 하느님께서 당신 땅에 대해 '질투'를 하시는 것은, 오직 당신의 것이고 당신께 속해 있어야 하는 그 땅이 다른 이들에게 짓밟히고 있기 때문입니다. 질투하시는 하느님께서는 당신의 땅을 누가 건드리는 것을 용납하지 않으십니다. 당신께서 되찾으셔야만 합니다. 그래서 그 땅을 되찾으심으로써 "주 너희 하느님이 바로 나요 나 말고는 다른 신이 없음을"(2,27) 알게 하십니다.

이어서 나오는 "그런 다음에"(3,1)는 매우 중요한 표현입니다. 이것은 앞서 선포한 심판이 모두 끝난 다음에 이스라엘이 회복될 때를 말합니다. 그런데 요엘서에서 심판 이후에 이루어질 구원을 묘사하는 가장 큰 특징은 "모든 사람에게 내 영을 부어 주리라"(3,1)는 것입니다. 구약성경에서 주님의 영은 보통 판관, 임금, 예언자 등 특정한 이에게 내렸습니다. 그런데 요엘서에서는, 구원의 시대에는 하느님께서 누구에게

나 당신의 영을 주시리라고 말씀하십니다. 아들과 딸, 노인과 젊은이, 남종과 여종은 결국 특정한 성별과 나이와 신분에 한정되지 않는 모든 사람을 뜻합니다. 그리고 그들이 예언하고 꿈을 꾸고 환시를 본다는 것은(3,1 참조), 모두 하느님에게서 말씀을 전달받음을 뜻합니다. 그렇게 되면 모든 이가 예언자가 되는 것이지요.

요엘 3장을 성경의 다른 두개의 본문과 연결 지을 수 있겠습니다. 먼저 민수 11,24-30에 나오는 장면입니다. 모세를 도와줄 70명의 원로가 주님의 영을 받아 예언하게 되었을 때, 진영에 남아 있던 엘닷과 메닷에게도 주님의 영이 내려 그들도 예언하게 되었습니다. 이를 막으려는 여호수아에게 모세는 이렇게 말합니다. "주님의 온 백성이 예언자였으면 좋겠다. 주님께서 그들에게 당신의 영을 내려 주셨으면 좋겠다"(민수 11,29).

하느님의 영을 받아 예언한다는 것, 요즘 식으로 말하면 하느님과 긴밀히 소통한다는 뜻이겠지요. 이렇게 모세가 바라고 요엘이 예언한 것이 사도 2,16-21에서는 성령 강림으로 이루어집니다. 사도들이 성령을 받아 여러 언어로 말하게 되었을 때 베드로 사도는 바로 요엘 3장을 인용하면서, 그 약속이 이루어졌다고 말합니다. "이 일은 요엘 예언자를 통하여 하신 말씀대로 된 것입니다"(사도 2,16). 성령께서 오신 때는 예언자들의 기다림이 성취된 순간이 될 것입니다. 이제 주님의 영은 모든 이에게 주어집니다.

"주님의 이름을 받들어 부르는 이는"(3,5)

하늘과 땅의 징조가 그날을 예고합니다. "해는 어둠으로, 달은 피로"(3,4) 변하는 우주적 변화는 마지막 심판을 예고하는 것으로 해석됩니다. 훗날 묵시문학에서 자주 사용될, 종말이 다가옴을 알려 주는 표지입니다.

그런데 오늘 우리의 초점은 주님의 날과 그 심판이 아니라 그 후의 일입니다. 스바니야서에서 예언자들이 "남은 자들"(스바 2,7)에 대해 말하기 시작하는 것을 보았지요. 여기서도 마찬가지로 시온산에, 예루살렘에 남은 자들이 있을 것이라고 말합니다. 요엘은 이를 강조합니다. 주님께서 당신의 영을 내려 주실 때 구원의 시대가 시작될 것이며, "그때에 주님의 이름을 받들어 부르는 이는 모두 구원을 받으리라"(3,5).

 스바니야서에서는 주님의 날에 대비하기 위해서는 주님을 찾고 정의를 추구하라고 했습니다(스바 2,1-3 참조). 이제 요엘서에서는 주님의 이름을 부르라고 말합니다. 주님의 이름을 부른다는 것은 다른 어떤 신이 아니라 그분을 자신의 하느님으로 모시는 것을 뜻합니다. 남은 자의 수가 얼마나 될까요? 알 수 없습니다. 그러나 "살아남은 이들"(3,5)이라는 표현은 자체에는 이미 많은 이가 심판받을 것을 전제로 한 표현이고, "주님의 이름을 받들어 부르는 이"라는 표현은 아무런 구별 없이 모든 사람이 구원되는 것이 아니라 하느님을 찾는 이들이 '남게' 되리라는 것을 의미합니다.

 주님께서 말씀하신 대로, 이전에 다른 예언자들을 통해 말씀하신 대로 시온산에는 남는 자들이 있게 될 것입니다. 그들에게는 하느님의 영이 내릴 것입니다. 요엘은 그 믿음을 품고 있습니다. 예언자는 세상이 무사한 것처럼 보일 때에도 그 안에서 심판이 선고될 이유를 보고, 세상이 멸망할 것처럼 보일 때에도 그 안에서 구원의 희망을 봅니다. 하느님께서 그의 눈을 열어 주시기 때문입니다.

3 하까이

"집을 지어라"(하까 1,8)

"너희는 산에 올라가서 나무를 가져다가 집을 지어라." 성전을 짓는 일로 고심하고 있는 본당의 신부님이나 신자들이 하까서의 이 구절을 들으면 귀가 번쩍 뜨일 것 같습니다. 하지만 이 말씀은 성전 건물을 지어야 한다는 것만을 뜻하지는 않습니다. "집을 지어라"라는 하까이 예언서의 말씀은 그 시대의 상황에서 이해해야 하고, 그 말씀이 우리에게 갖는 의미가 무엇인지도 잘 이해해야 합니다.

"다리우스 임금 제이년"(1,1)

하까이서에는 예언자 하까이라는 인물에 대해서는 별말이 없습니다. 다른 예언자들처럼 '하까이 예언자에게 내리신 주님의 말씀'이라는 말도 없고 "주님의 말씀이 하까이 예언자를 통하여 스알티엘의 아들 즈루빠벨 유다 총독과 여호차닥의 아들 예수아 대사제에게 내렸다"(1,1)라고만 되어 있습니다. 초점은 즈루빠벨과 예수아에게 맞추어져 있고, 예언자에는 전혀 중요성을 부여하지 않는 눈치입니다.

그러나 고맙게도 말씀이 내린 날짜는 상세하게 표시되어 있습니다. 이 책에 들어 있는 말씀은 하까이가 "다리우스 임금 제이년(기원전 520년) 여섯째 달 초하룻날"(1,1)부터 그 해 "아홉째 달 스무나흗날"(2,10)까지 선포한 것으로 되어 있습니다. 이 날짜는 그의 활동 배경을 이해하기 위한 충분한 자료가 됩니다. 허구로 만들어진 날짜가 아닌 듯하고, 그의 예언 내용이 당시의 상황과 밀접하게 엮여 있기 때문입니다.

기원전 520년이라고 했지요. 유배가 끝난 때는 기원전 538년입니다. 바빌론을 멸망시킨 페르시아 임금 키루스는 바빌론에 정복된 다른 민족들에게 관용 정책을 펴서, 유배되어 있던 유다인들에게도 고향 땅으로 돌아가 성전을 지어도 좋다는 내용의 '키루스 칙령'을 내립니다(에즈 1,1-4 참조).

"이제 그들이 유다의 예루살렘으로 올라가서, 주 이스라엘의 하느님 집을 짓게 하여라"(에즈 1,3). 이것이 키루스 칙령의 내용이었습니다. 하지만 바빌론에 살고 있는 유다인들이 모두 귀환한 것은 아니었습니다. 유다의 상황은 매우 어려웠고, 유배된 이들 중 일부는 바빌론에서 어느 정도 안정된 생활을 하고 있었으므로 곧바로 팔레스티나로 돌아가려 하지 않았던 것입니다. 세스바차르의 인도 하에 귀향한 이들의 정확한 숫자는 알 수 없지만 분명 그리 많은 수는 아니었고, 예루살렘의 재건을 크게 진척시키지도 못했습니다. 도성은 많이 파괴되었고, 유다의 주민은 경제적으로 어려웠으며, 사마리아의 반대도 있었습니다.

좀 더 시간이 지난 후, 다윗 왕실의 후손인 즈루빠벨과 대사제 예수아의 지도로 또 한 집단이 귀환합니다. 유배에서 돌아온 이들은 처음에는 분명 열성을 내어 성전과 예루살렘 도성을 복구하려 했을 것입니다. 그러나 빈곤과 흉작 가운데 시간이 지나면서 당장의 생활을 헤쳐 나가는 것이 급선무가 되고, 성전 재건은 점점 미루게 되었습니다. 이러한 상황에서 하까이 예언자는 우선 성전을 재건할 것을 주장하고, 성전 재건을 시작한다면 구원의 시기가 도래할 것이라고 말합니다.

/ 귀향 후의 연대표 /

기원전 539-538년	바빌론 멸망, 키루스 칙령
	세스바차르와 첫 집단의 귀환
520-518년	즈루빠벨과 예수아 집단의 귀환
	하까이와 즈카르야 예언자 활동
515년	성전 재건
458년	에즈라의 활동?
445년	느헤미야, 도성 재건

"주님의 집을 짓는 일"(1,14)

하까이서의 내용을 보면, 먼저 "다리우스 임금 제이년 여섯째 달 초하룻날"(1,1) 내린 말씀에서 하느님께서는 예언자 하까이를 통하여 즈루빠벨 유다 총독과 예수아 대사제에게 성전을 재건하라고 재촉하십니다. 추수해도 얼마 거두지 못하는 것은 사람들이 자신의 집은 꾸며 놓고 살면서 성전 재건은 미루기 때문이라는 것입니다.

성전 재건을 미루고 있는 이들에게 하느님께서는 하까이 예언자를 통하여, "너희가 지금 판벽으로 된 집에서 살 때냐?"(1,4)라고 말씀하십니다. 판벽은 맨 흙벽돌이 아니라 그 위에 장식으로 덧씌운 벽을 말합니다. 그러니 판벽으로 된 집은 좋은 집을 뜻합니다. 사람들은 성전 재건을 차일피일 미루고 있지만, 자신들의 집은 잘 꾸며 놓고 있습니다.

이 말씀을 듣고 "여섯째 달 스무나흗날"(1,15) 즈루빼벨과 예수아, 그리고 백성은 성전을 짓는 일에 착수합니다(1,12-15 참조). 예언서를 읽으면서 백성이 "예언자의 말을 잘 들었다"(1,12)는 구절은 처음 보는 것 같습니다. 그만큼 유배는 이스라엘이 하느님께 돌아가는 계기가 되었던 것입니다.

"그해 일곱째 달 스무하룻날"(2,1), 곧 성전 재건을 시작하고 거의 한 달이 지났을 때 하느님께서는 다시 성전 재건을 독려하십니다. 당신께서 그 집을 영광으로 가득 채우고 평화를 주시리라고 약속하십니다(2,1-9 참조).

2,10-19을 같은 날짜에 주어진 말씀으로 볼 것인지, 아니면 둘을 분리하거나 2,15-19을 다른 위치로 옮길 것인지에 대하여 의견이 갈리긴 하지만 일단 본문을 현재 상태에 두고 2,10의 날짜 표시가 2,19까지 적용된다고 보면, 그 단락은 모두 성전 재건을 시작하고 꼭 석 달 후인 "아홉째 달 스무나흗날"(2,10) 내린 말씀이 됩니다. 하까이는 사제들에게 질문을 하고, 이전에는 백성 모두와 그들이 하는 일, 그들이 바치는 제물이 모두 부정했지만 성전 재건을 시작함으로써 그 모든 부정을 씻고 축복과 구원의 시대가 시작되었음을 알립니다. 성전을 짓는 일이 그들을 새롭게 하는 순간이 된 것입니다.

"내가 너를 선택하였기 때문이다"(2,23)

마지막으로 2,20-23에서는, 같은 날 하까이가 주님에게서 스루빠벨에게 전할 말씀을 듣습니다. 주님께서는 민족들의 왕조와 권세를 없애시고 즈루빠벨을 받아들여 선택하신다고 말씀하십니다. 짧은 예언서에 담긴 짧은 구절이지만, 이 단락은 여호야킨의 손자 즈루빠벨을 통해 다윗의 후손에게 주어진 약속이 이루어지리라는 희망을 표현한다는 점에서 중요합니다.

정의와 평화를 이룩할 이상적 임금에 대한 희망은 오래전부터 계속 있었습니다. 그런데 지금 이 시점에서 하까이는, 즈루빠벨이라는 구체적 인물을 통해 그 희망의 실현을 기대하고 있는 것입니다. 역사적으로 이 희망은 오래 지속되지 않습니다. 즈카르야 예언서에서 보게 될 것처럼, 즈루빠벨은 어느 시점에서 사라지고 그다음으로 미래에 대한 희망이 처음에는 예수아 대사제에게 집중되고, 그다음에는 장차 올 메시아로 옮겨 갑니다. 하느님의 약속은 살아 있으며, 그 약속은 처음에 사람들이 이해했던 방식을 훨씬 뛰어넘는 새로운 방식으로 성취되기 때문입니다.

성전 재건의 의미

유배에서 돌아온 후 예언자들은 성전 재건과 메시아 희망을 포함한 (종말론적) 구원이라는 두 가지 주제를 다룹니다. 그 두 가지 주제 가운데 하까이는 특히 성전 재건을 전면에 내세우면서, 그것이 구원을 위한 조건이 된다고 말합니다. "아홉째 달 스무나흗날부터 주님의 성전에 기초를 놓은 날부터 생각해 보아라. … 오늘부터 내가 너희에게 복을 내리리라"(2,18-19). 하까이서가 짧은 책이라는 점을 감안한다 해도, 이 책에서는 성전 재건 외에 다른 주제에 대해서는 거의 언급하지 않습니다. 이는 대대로 헛된 경신례를 비판해 온 예언자들의 전통을 거스르는 것은 아닌가요? 예레미야는 "이는 주님의 성전, 주님의 성전, 주님의 성전이다!"(예레 7,4)라고 외치면서 불의를 저지르는 이들에게 오히려 그 성전이 무너질 것을 알리지 않았던가요?

그러나 하까이의 태도는, 성전에 대한 태도가 곧 하느님에 대한 태도라는 사실을 생각할 때 이해할 수 있습니다. "주님의 집을 지을 때가 되지 않았다"(1,2)라고 말하는 것은, 하느님이 아닌 다른 어떤 것을 하느님보다 앞세우는 것, 즉 경제 문제가 이스라엘에게 하느님보다 더 중요한 관심사라는 것을 의미합니다. 이스라엘의 삶을 위하여 필요한 것은 하느님께서 백성 가운데에 현존하시는 것인데, 이스라엘은 그 사실을 잊고 다른 곳에서 자신의 미래를 찾으려 한 것입니다.

성전을 짓는 일에만 골몰하여 다른 모든 것을 잊고 있는 이들이 성경 한구석에 숨어 있는 하까이 예언서를 발견하지 않았으면 하는 마음을 품은 적이 있습니다. 이 예언자의 말씀을 아전인수 격으로 해석하여 신자들에게 성전 건물을 지으면 복과 풍요가 따르며 모든 일이 잘 되리라는 기복 신앙을 불어넣을까 하는 염려 때문이었습니다. 하까이서가 말하는 것은 현세의 행복을 위하여 성전을 이용하라는 것이 아니라, 다른 어떤 것을 포기하고 하느님을 먼저 선택할 수 있는가 하는 문제입니다.

"여러분도 살아 있는 돌로서 영적 집을 짓는 데에 쓰이도록 하십시오. 그리하여 하느님 마음에 드는 영적 제물을 예수 그리스도를 통하여 바치는 거룩한 사제단이 되십시오"(1베드 2,5).

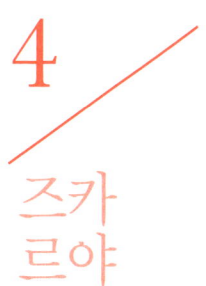

4 즈카르야

"나리, 저것들은 무엇입니까?"(즈카 1,9)

열두 소예언자 가운데 이제 즈카르야, 요나, 말라키가 남았습니다. 이제 이스라엘 예언 역사의 끝부분에 도달했습니다. 예언이 점점 더 '끝'을 향해 갑니다. 예언서로서는 워낙 특이한 책인 요나서를 별도로 하면, 즈카르야서와 말라키서에서는 종말에 대한 관심이 점점 큰 비중을 차지하게 됩니다. '끝', 다른 말로 하면 '완성'이라고도 이해할 수 있는 주제입니다.

"베레크야의 아들인 즈카르야 예언자"(1,1)

이사야서는 세 부분으로 나누는 것이 아주 명확해서, 우리말 《성경》에도 '이사야 예언서 제1부', '이사야 예언서 제2부', 이런 식으로 제목이 들어가 있습니다. 하지만 이사야서뿐 아니라 대부분의 예언서는 후대의 계속된 편집 과정과 손질을 거쳤기 때문에 첫 저자가 쓴 부분과 편집된 부분이 섞여 있습니다. 이사야서 다음으로 그 구분이 뚜렷한 것이 즈카르야서라고 할 수 있습니다. 이 책은 1-8장과 9-14장이 여러 가지 점에서 현저히 구분되므로 처음부터 두 명의 저자가 있었던 것으로 봅니다.

몇 가지 중요한 차이점을 든다면, 먼저 내용상으로 볼 때 1-8장에서는 유배에서 돌아온 이스라엘 공동체의 성전 재건이 중요한 주제로 나타나고 즈루빠벨과 예수아의 역할이 강조되므로 하까이와 동시대에 살면서 활동한 예언자 즈카르야와 쉽게 연결될 수 있습니다(에즈 5,1; 6,14 참조). 이와 달리 9-14장에서는 이스라엘의 재건을 위한 인간적 노력보다 역사에서 이루어지는 하느님의 활동과 계획이 강조되며 종말론적 관심이 더욱 커집니다. 문체상으로 1-8장은 신탁이 주류를 이루고 예언자 자신에 대한 언급도 나타나는데, 9-14장에서는 묵시문학적 표현이 사용됩니다.

이러한 관찰을 종합하여, 일반적으로 1-8장은 즈카르야 예언자의 것으로 보고(제1즈카르야) 9-14장은 더 늦은 시기의 것으로 봅니다(제2즈카르야). 전문적으로는 9-11장과 12-14장을 구분하는 경우도 많지만, '제2즈카르야'라는 이름은 일반적으로 그 여섯 장을 함께 일컫는 말로 사용됩니다. 우리가 먼저 읽을 것은 제1즈카르야서입니다.

제1즈카르야서에도 하까이서와 비슷하게 날짜가 표시되어 있습니다(1,1.7; 7,1 참조). 이에 따르면 즈카르야는 기원전 520년(하까이 예언자가 활동하던 시기)부터 기원전 518년 정도까지, 즉 성전이 재건되기 직전에 예언 활동을 한 것으로 나타납니다. 내용을 보면 하까이와 마찬가지로 성전 재건과 종말론을 말하지만, 하까이에 비할 때 즈카르야는 임박한 종말을 알리는 것이 더 중심을 이루고 있다고 할 수 있습니다.

"내가 밤에 보니"(1,8)

즈카르야서의 특징은 1-6장의 환시입니다. 이전의 예언서, 예를 들어 아모스서와 예레미야서 등에도 환시가 나타나지만, 즈카르야서의 환시는 좀 다릅니다. 지금까지는 그런 환시를 보는 예언자가 직접 하느님과 대화하거나 자신이 보는 것을 바로 이해했지만, 즈카르야서에서 예언자는 자신이 환시로 본 것의 의미를 알지 못합니다. 그래서 예언자는 "나리, 저것들은 무엇입니까?"(1,9)라고 질문하고, 천사가 매번 그 환시의 의미를 설명해 주게 됩니다. 후에 이러한 양식이 묵시 문학에서 크게 발전하게 되는데, 이는 하느님의 초월성을 강조합니다. 환시가 인간이 알아들을 수 없는 신비한 내용을 담고 있어 이해하지 못하기에 누군가 그 의미를 해석해 주는 것입니다.

"다리우스 제이년 열한째 달", 곧 기원전 519년 2월에 즈카르야가 여러 환시를 봅니다. 현재의 본문에는 여덟 환시가 나오는데, 그 가운데 넷째 환시는 문체상으로 다른 환시와 많이 다릅니다. 다섯째 환시에서는 즈루빠벨과 예수아가 함께 나오는 반면, 넷째 환시에서는 즈루빠벨이 언급되지 않고 예수아만 나옵니다. 복잡하지요? 그러면 넷째 환시를 빼 보십시오. 일곱 개의 환시가 남고, 즈루빠벨과 예수아가 등장하는 지금의 다섯째 환시가 그 중심이 됩니다. 이것이 본래의 형태였으리라고 생각됩니다. 즈루빠벨이 사라진 뒤 현재의 넷째 환시가 삽입되어 예수아 대사제에게 희망이 집중되었다고 봅니다. 환시가 일곱 개였을 때에는 그 중심에 즈루빠벨과 예수아, 두 인물이 있게 되는데 여덟 개가 되면서는 예수아만 남게 되는 것입니다. 여덟 개의 환시의 의미를 알기 위해서는 우리도 천사의 설명을 들어야겠지요. 옆에 꼭 성경 본문을 놓고 보시기 바랍니다.

첫 번째 환시, 말 탄 기사(1,7-17): 말 탄 기사들은 세상을 돌아보고, 온 세상이 평온하다고 주님께 보고를 드립니다. 여기에서 세상이 평온하다는 것은 새 시대가 시작할 기미가 보이지 않는다는 부정적 의미를 지닙니다. 이러한 초조함에 대해 주님께서 "다정하고도 위로가 되는 말씀으로 대답하셨다"(1,13)는 것은, 하느님께서 곧 개입하시어 민족들을 심판하시고 예루살렘을 구원하시리라는 응답을 뜻합니다.

두 번째 환시, 뿔과 대장장이(2,1-4): 예언자는 먼저 뿔 네 개를 보고, 이어서 대장장이 네 명을 봅니다. 그 뿔들은 이스라엘을 흩어 놓은 이방 민족들이고 대장장이들은 그 민족들을 물리치기 위하여 오는 것으로, 메시아 시대를 알리는 역할을 합니다.

세 번째 환시, 측량줄(2,5-17): 환시에서는 한 사람이 측량줄을 들고 예루살렘을 측량하러 갑니다. 그러나 하느님께서는 돌아온 이들과 짐승의 수가 너무 많아 예루살렘은 성벽 없이 넓게 자리하게 되리라고 말씀하십니다. 구원의 시대를 묘사하는 것입니다.

네 번째 환시, 예수아 대사제(3,1-10): 예언자는 천상의 법정에서 더러운 옷을 입고 천사 앞에 서 있는 예수아 대사제를 봅니다. 그리고 예수아 대사제 오른쪽에는 사탄이 그를 고발하려고 서 있습니다. 그런데 천사가 예수아에게 깨끗한 옷을 입히고 터번을 씌워 줍니다. 이 환시는 유배 후의 공동체에서 사제직이 중심 역할을 하게 되리라는 예고입니다. 실상 유배에서 돌아온 후 유다 공동체에는 임금이 없었고, 사제들이 정치적·사회적으로도 큰 영향을 미치게 되었습니다.

다섯 번째 환시, 등잔대와 두 올리브 나무(4,1-14): 이 환시에서 두 그루의 올리브 나무는 즈루빠벨과 예수아를 가리킵니다. 유배 이후의 공동체에서 초기에 정치 권력과 종교 권력이 균형을 이루고 있던 상태를 나타냅니다. 그 후 어떻게 해서 즈루빠벨이 이스라엘 역사에서 사라지게 되었는지는 분명치 않습니다.

여섯 번째 환시, 두루마리(5,1-4): 날아다니는 두루마리에는 악인들에 대한 저주가 적혀 있어 이 세상에서 악이 제거될 것임을 예고합니다.

일곱 번째 환시, 뒤주(5,5-11): 뒤주 안에 앉아 있는 여자는 이 세상의 악을 나타내며, 환시는 그 악이 신아르, 즉 바빌론 땅으로 옮겨질 것임을 보여 줍니다. 이로써 예루살렘은 정화되고 악에서 자유로워질 것입니다.

여덟 번째 환시, 병거(6,1-8): 병거 넉 대가 사방으로 갑니다. 그 가운데 북쪽으로 가는 병거가 주님의 영을 북쪽 땅에 자리하게 한다는 것은, 바빌론에 유배된 이들이 고향으로 돌아와 성전 재건에 참여하도록 권고하기 위한 것입니다.

"두려워하지 말고 힘을 내어라!"(8,13)

첫 번째 환시에서 천사는 하느님께 "만군의 주님, 당신께서는 예루살렘과 유다의 성읍들을 가엾이 여기지 않으시고 언제까지 내버려 두시렵니까?"(1,12) 하고 묻습니다. 악에 대한 심판도, 하느님을 기다리는 이들의 구원도 이루어지지 않고 있는 이 세상의 상태를 말하는 것입니다.

그러나 이 환시는 하느님께서 곧 예루살렘을 구원하시고 영광스럽게 하시리라는 것을 말하고, 유다 총독 즈루빠벨과 대사제 예수아가 하느님께 성별된 사람임을 보여 줍니다. 그의 예언은 한마디로 새로운 미래에 대한 희망이라고 요약할 수 있습니다. 1-6장의 환시가 예루살렘의 구원이 가까웠음을 알리는 것이라면 8장에서는 그 약속이 완성되었을 때의 모습을 그려 보입니다.

즈카르야가 환시를 본 짧은 기간 사이에 천지가 바뀌는 놀

라운 일이 일어났을까요? 성전 재건이 가까워지기는 했지만, 마지막 심판과 구원은 아직도 이루어지지 않았습니다. 어두운 시대, 인간이 알아들을 수 없는 신비를 보여 주는 예언자의 환시는 아직 보이지 않는 희망을 보게 해 줍니다. 어둠 속에서 보이지 않는 희망을 붙잡고 걸어가게 하는 것, 그것이 즈카르야서와 이후의 묵시문학이 하는 역할입니다.

5 / 즈카르야

"어린 나귀를 타고 오신다"(즈카 9,9)

제1즈카르야서의 환시들은 신비로웠습니다. 제2즈카르야서는 더 신비롭습니다. 이 단락을 읽기 시작하면 짙은 안개 속으로 걸어 들어가는 느낌을 받게 됩니다. 제2즈카르야서는 온통 희미한데, 그 속에서 메시아의 모습이 어렴풋이 떠오르기 시작합니다. 그래서 이 신비로운 책은 신약성경의 중요 대목에서 인용됩니다.

"신탁"(9,1; 12,1)

앞서 제1즈카르야서(1-8장)와 제2즈카르야서(9-14장)가 구분된다는 점을 살펴보았습니다. 제1즈카르야서를 쓴 예언자 즈카르야에 대해서도 많은 것을 알 수 있는 것은 아니었지만,

즈카 9-14장을 쓴 사람이 어떤 인물인지에 대해서는 한마디도 없습니다. 9장을 시작하는 말은 그저 "신탁"이라는 단언입니다. 그 "신탁"이라는 제목이 12,1에 다시 나옵니다. 그리고 즈카르야서 다음에 나오는 말라키서를 시작하는 첫마디가 또 "신탁"입니다. 그래서 근래의 연구에서는, 열두 소예언서가 하나의 모음집으로 편집되는 마지막 단계에서 "신탁"이라는 말로 시작하는 9-11장과 12-14장, 그리고 역시 세 개의 장으로 되어 있는 말라키서가 마지막에 덧붙여졌으리라 생각합니다. 말라키서로 예언서가 모두 끝나게 되지요.

작성 연대를 추정하는 데에도 어려움이 많은데, 여러 가지 다른 의견이 있기는 하지만 대개 즈카 9,1-8에서 티로, 시돈, 필리스티아의 파괴를 말하는 점과 특히 9,13에 "그리스"가 언급되는 점 등을 들어 기원전 332-300년경에 작성되었으리라고 봅니다. 그때부터 알렉산드로스 대왕이 영토를 확장하면서 주변의 여러 민족을 정복했기 때문입니다.

"너의 임금님이 너에게 오신다"(9,9)

제2즈카르야서에서 특별한 부분은 메시아에 대한 희망을 보여 주는 본문입니다. 그렇다고 메시아의 모습이 뚜렷하게 제시되는 것은 아니고, 분명히 규정할 수 없는 메시아의 표상이 단편적으로 제시됩니다.

그중 첫 본문이 9,9-10입니다. "딸 시온아, 한껏 기뻐하여라. 딸 예루살렘아, 환성을 올려라. 보라, 너의 임금님이 너에게 오신다"(9,9). 여기까지 보면 오시는 분은 임금으로, 군왕 메시아로 나타납니다. 하지만 이어지는 본문은 겸손한 메시아, 전쟁을 없애고 평화를 선포하는 메시아의 모습을 보여 줍니다. "그분은 의로우시며 승리하시는 분이시다"(9,9).

그런데 이 구절에는 번역상의 문제가 있습니다. 우리말에서 "승리하시는"이라고 옮겨진 부분이 히브리어 본문에서 "구원된"으로 되어 있기 때문입니다. 칠십인역의 그리스어 본문에는 능동태인 "구원하는"으로 번역했고, 현대어로 번역된 성경들도 대개 칠십인역을 따라 본문을 수정하여 "구원하는, 승리하는"으로 옮깁니다.

근래에 이 구절을 다시 히브리어 본문대로 "구원된"으로 둘 것을 주장하는 이들이 있습니다. 다수의 의견은 아니지만, 그들에 따르면 메시아는 스스로 승리를 거두기 전에 자신이 하느님에게서 구원을 받아야 한다는 것입니다. 생각나는 것이 있지요. 예수님의 부활이 하느님에 의하여 수동적으로 '일으켜지는' 사건이었다는 면입니다(물론 능동적으로 '일어났다'고 말하는 본문도 있습니다). 메시아는 구원자가 되기 전에 '구원받음'의 원형이 되어 구원을 기다리는 모든 이가 구원의 실현을 믿고 기다리게 합니다.

"그분은 겸손하시어 나귀를, 어린 나귀를 타고 오신다"(9,9). 많은 사람이 생각하는 대로 9,1-8에서 묘사하는 티로, 시돈, 필리스티아의 멸망이 알렉산드로스 대왕의 정복을 가리킨다면, 9,9-10에 나타나는 메시아의 모습은 무력으로 세상을 정복하는 그의 모습과 대조를 이룹니다. 구약 시대에 말은 평상시의 운송 수단이라기보다 전쟁을 위한 수단이었고, 그래서 정복자 임금은 말을 타고 옵니다. 쉽게 표현하면, 임금이 말을 타고 오는 것은 탱크를 타고 오는 것이고, 나귀를 타고 오는 것은 평범한 교통수단을 타고 오는 것입니다.

그렇게 평화로이 오시는 메시아는 이스라엘에서 병거와 군마를 없애시고 여러 민족들에게 평화를 선포하실 것입니다(9,10 참조). 그분의 평화로운 통치는 땅끝까지 이를 것입니다.

잘 아시다시피, 마태오 복음은 예수님의 예루살렘 입성 장면에서 이 구절을 인용합니다(마태 21,5). 당시 이스라엘 백성이 자신들을 로마의 통치에서 해방시켜 줄 강력한 메시아를 기다리고 있었다 해도, 지금 예루살렘에 오시는 분은 무장을 하고 오는 분이 아니셨습니다. 무력하게 죽임을 당하고 구원되신 후 이 세상에 평화를 이룩할 분이셨습니다.

"이 땅에 한 목자를 세우겠다"(11,16)

다른 두 본문은 간략하게 언급하겠습니다. 먼저 즈카 11,4-17에서 목자의 모습이 제시됩니다. 이 본문은 예언자의 상징적 행위를 담고 있으며 본문 자체의 내용이 일관되지 않기 때문에 해석하기가 매우 어렵습니다. 전통적으로 목자와 양은 각각 임금과 백성을 상징하지만, 우리말 본문을 꼼꼼히 읽어 보아도 도대체 여기 나오는 목자가 누구인지 오락가락합니다. 처음에는 예언자가 주님의 명으로 목자가 되지만, 나중에는 주님 자신이 목자의 위치에 서기도 하는 등 인물을 규정하기가 거의 불가능합니다. 하지만 이 본문이 하느님께서 목자를 보내 주실 것을 약속하시는 에제 34장과 연결된다는 것은 분명합니다. 에제 34장에서 하느님은 때로는 당신께서 보내 주실 목자를 말씀하시고, 때로는 "나 이제 내 양 떼를 찾아서 보살펴 주겠다"(에제 34,11)고 다짐하십니다.

어쨌든 11장의 본문에 대해 말할 수 있는 것은, 예언자 또는 하느님이 양들을 돌보기 위하여 노력하지만 그 결과가 좋지 않게 끝난다는 점입니다. 하느님께서는 더 이상 양 떼를 불쌍히 여기지 않겠다고 하시며, 양들이 서로 잡아먹게 내버려 두십니다. '호의'와 '일치'라는 이름이 붙은 지팡이들은 부러지고, 하느님께서 모든 민족들과 맺으신 계약도 깨지며, 유다와 이스라엘의 형제 관계도 깨지고 맙니다. 여기에서는 이스라엘의 역사를 부정적으로 판단합니다. 하느님께서는, 양 떼를 저버리는 목자들 곧 백성을 돌보지 않는 이스라엘의 지도자들에게 불행을 선언하시며, "이제 내가 이 땅에 한 목자를 세우겠다"(11,16)고 약속하십니다.

"자기들이 찌른 이를 바라보며"(12,10)

마지막으로 12,7-13,9에서 칼에 찔린 이의 모습이 나타납니다. 이 본문은 앞의 두 본문보다 이해하기가 더 어렵습니다.

12,10을 글자 그대로 읽는다면, 하느님께서 "나를, 곧 자기들이 찌른 이를"이라고 말씀하시는 것으로 되어 있어 사람들이 하느님을 찔렀다는 뜻이 됩니다. 그러나 다음 구절에서는 예루살렘 주민들이 그를 위하여 곡하리라고 말합니다.

여기에서 '찔려 죽은 이'가 누구인지는 끝까지 밝혀지지 않습니다. 그의 죽음으로 인해 다윗 집안과 예루살렘 주민들 위에 은총과 자비를 구하는 영이 내려지며(12,10 참조), 그들은 정화됩니다. 고통받는 주님의 종의 경우(이사 52,13-53,12 참조)와 비슷하게, 그의 고통과 죽음이 결국 온 민족의 구원을 가져옵니다. 이 세 번째 본문은 마태 26,31과 요한 19,37 등 예수님의 수난 사화에서 인용됩니다.

이와 같이 제2즈카르야가 제시하는 메시아의 모습은 모호하며 본문 안에서도 서로 다른 점이 있습니다. 그런데도 한 가지 단언할 수 있는 것은, 구약성경이 보여 주는 새로운 메시아 상이 나타난다는 점입니다. 거부와 박해를 받으며 죽임을 당하고 그 죽음으로 다른 이들에게 구원을 가져다주는 평화로운 메시아의 모습입니다. 이는 분명 신약성경의 메시아에 매우 근접해 있습니다.

이전의 목자들은 양 떼를 끝까지 돌보지 못했고 양 떼는 흩어졌습니다. 그러나 하느님께서는 이스라엘에게 기뻐하라고 말씀하십니다. 평화를 이룩할 메시아께서 오시기 때문입니다. 즈카르야서 전체는 새 시대의 희망을 말하는 책입니다. 하느님께서는 예루살렘이 이미 황폐해진 다음에야 구원의 때를 말씀하십니다.

그러나 예루살렘이 기뻐할 수 있기 위해서는 겸손한 모습으로 나귀를 타고 오시는 그분을 메시아로 알아볼 수 있어야 합니다. '찔려 죽은 이'를 보고 애통해하며 은총과 자비를 구해야 합니다. 하느님께서 새 목자를 세우실 때에, 그 목자를 알아보고 따르기는 양 떼가 되어야 합니다. 제2즈카르야서는 양들이 그 목자를 알아보지 못하고 죽게 하리라고 말합니다. 그러나 그 죽음이야말로 구원의 계기가 될 것입니다.

요나

"저 큰 성읍 니네베로 가서"(요나 1,2)

<u>요나서를 이해하고 싶다면 요나서에 대해 이미 알고 있는 모든 것을 잠시 잊어야 합니다. 요나서는 다른 예언서들과 성격이 완전히 달라서 실제의 역사를 이야기하고 있지 않을뿐더러, 우리가 요나서를 이해할 때 요나를 언급한 신약성경의 구절로부터 너무 많은 영향을 받고 있기 때문입니다. 그냥 요나서의 줄거리만 아는 채로, 처음부터 다시 시작합시다.</u>

"아미타이의 아들 요나"(1,1)

요나서에 대해서는, 저자를 묻기 전에 요나서의 역사성을 묻지 않을 수 없습니다. 정확히 말하자면 요나서에서는 요나를 그 책의 저자라고 말하지 않습니다. 다른 예언서들은 특정 예언자가 전한 하느님의 말씀을 중심으로 하는 반면, 요나서는 다른 사람이 요나에 대해 말하는 책입니다. 그 내용도 말씀보다 예언자의 행적을 중심으로 하고 있습니다. 그렇다면 질문을 바꾸어 이렇게 물을 수 있겠습니다. 요나서는 역사적 실존 인물인 요나라는 예언자를 다룬 책일까요?

요나서에서는 "아미타이의 아들 요나"(1,1)가 주인공으로 등장하는데, 2열왕 14,25에 따르면 "아미타이의 아들 요나"는 기원전 8세기 북 왕국 이스라엘의 임금이었던 예로보암 2세 때에 활동한 예언자의 이름으로 나옵니다. 그 요나는 갓 헤페르 출신으로 이스라엘이 잃었던 영토를 되찾으리라고 예언했고, 그대로 이루어졌다고 전해집니다. 아마도 요나서의 저자는 열왕기에 언급된 그 예언자의 이름을 빌려 썼을 것입니다. 그러나 현대에 이르러서는 아무도 요나서가 기원전 8세기의 역사를 이야기한다고 생각하지 않습니다.

요나서는 허구적인 이야기

요나서가 허구적 이야기인 이유는 여러 가지입니다. 우선 사용된 언어를 보면, 요나서에 쓰인 히브리어는 문법이나 어휘가 기원전 3세기 이후의 책인 코헬렛이나 다니엘서에서 사용된 것과 비슷하고 아람어의 영향을 드러내고 있습니다.

역사적으로는 니네베에 대해 구체적인 역사를 이야기하는 것이 아니라 매우 일반적인 모습만을 서술하고 있어서 동시대의 역사 기록으로 보기 어렵습니다. 나훔서에서 보았듯이 기원전 8세기의 아시리아라면 다른 나라들을 무력으로 짓밟은 엄청난 세력이었는데, 요나서의 니네베에는 그런 모습이 없습니다. 더구나 예로보암 2세 시대에 니네베는 아시리아의 수도도 아니었고, 니네베 주민 전체가 회개했다는 것은 어떤 역사 기록에도 나타나지 않을 뿐만 아니라 개연성도 매우 적은 일입니다. 설령 어떤 예언자가 니네베에 가서 하느님의 말씀을 전했다 해도, 아시리아인들은 이스라엘의 예언자에게 별다른 관심을 기울이지 않았을 것입니다.

또한 신학적인 면에서 '회개'라는 주제는 유배 이후의 신학을 반영하고 있고, '이방인들의 구원'이라는 주제 역시 이른 시기의 것으로 보기는 어렵습니다. 그 모든 것은 그렇다 치더라도, 요나가 정말 물고기 배 속에서 사흘을 지내고 나올 수 있었을까요?

이러한 근거들을 바탕으로, 요나서는 다른 예언서들과 상당히 다른 문학 유형에 속한다는 것을 추정해 볼 수 있습니다. 이 책은 사실의 기록이 아니라 어떤 목적을 위하여 만들어진 이야기, 가르침을 주기 위한 허구적인 이야기라는 말입니다. 교훈적인 이야기라는 점에서 요나서는 지혜문학과 공통점을 가집니다.

요나서의 이러한 특성을 이해하지 못하고 역사적 기록이라고만 생각한다면, 요나가 어떻게 사흘 동안 살 수 있었을까를 밝히기 위하여 고래를 해부하는 데까지 이르게 됩니다. 실제로 그런 사람들이 있었기 때문에 하는 말입니다. 그러나 사실, 다른 여러 가지 매우 우연적인 요소들과 더불어 요나가 물고기의 배 속에서 사흘 동안 지냈다는 이야기는, 저자가 이 책이 역사적 사실을 기록한 것이 아니라고 독자에게 알려 주는 표지입니다.

지금까지 언급한 관찰은 이 책의 연대를 추정하는 데에도 유용합니다. 또한 기원전 2세기의 집회서 저자가 요나서를 다른 소예언서들과 함께 언급하고 있는 점을 고려한다면(집회 49,10 참조), 이 책의 작성 연대는 대략 기원전 5-4세기로 잡을 수 있습니다.

요나 – 니네베

이제부터 요나서에 대한 세 가지 해석을 말씀드리려고 합니다.

먼저 요나서의 줄거리를 잠시 돌아보면, 요나는 니네베에 가서 하느님의 말씀을 선포하라는 부르심을 받습니다. 그는 부르심을 거부하고 타르시스로 가려고 하지만, 배가 풍랑을 만나고 선원들은 요나 때문에 그렇게 되었음을 알아 그를 바다에 던집니다. 물고기가 요나를 삼키고, 사흘 후에 그를 뭍에 뱉어 놓습니다. 어쩔 수 없이 그는 니네베로 가서 사십 일이 지나면 니네베가 무너진다고 선포합니다. 온 니네베 사람들이 그의 말을 듣고 회개하자, 하느님께서는 마음을 돌이키시고 내리겠다고 하셨던 재앙을 거두십니다. 요나의 마음에 들지 않는 일이었습니다. 요나가 화를 내는 것을 보고 하느님은 더운 낮에 그의 머리 위로 아주까리가 자라게 하셨다가 다시 말라 버리게 하십니다. 그런 아주까리 때문에 화를 내는 요나에게 하느님은, 아주까리를 심고 기르지도 않았으면서 아주까리가 죽었다고 그렇게 화를 낸다면 "이 커다란 성읍 니네베를 내가 어찌 동정하지 않을 수 있겠느냐?"(4,11) 하고 말씀하십니다.

모든 사람의 구원을 바라시는 하느님

첫 번째 해석은 주로 그리스도교에서 전통적으로 해 온 것으로, 요나가 니네베에 갔다는 점에 주목합니다. 니네베는 아시리아의 수도였고 아시리아는 이스라엘의 원수였습니다. 요나는 그런 니네베가 회개하여 구원되는 것을 바라지 않고, 차라리 그 죄 때문에 멸망해 버리기를 원합니다. 하지만 하느님께서는 요나를 통해서 니네베를 구하셨습니다. 요나의 뜻을 거슬러서 이루어진 일입니다.

이 해석에서는 주로 하느님께서 모든 사람의 구원을 바라신다는 것, 이방인들에게도 구원이 주어진다는 것을 요나서의 주제로 강조합니다. 특히 요나서 4장에서 시들어 버린 아주까리를 통해 하느님께서 요나에게 보여 주시는 것은 당신이 니네베를 불쌍히 여기시며 그 주민들과 동물들이 죽는 것을 바라지 않으신다는 점입니다. 4장을 자세히 보면, 하느님은 회개한 니네베 사람들만을 용서하시는 것이 아니라 그 도성 안에 있는 무수한 생명, 짐승과 어린이들을 아끼는 마음에서 자비를 베푼다고 말씀하십니다(4,11 참조).

이것은 요나서가 작성된 시대 배경을 고려할 때 특히 의미 있는 가르침이 됩니다. 앞에서 설명한 언어적 또는 신학적 이유를 근거로 요나서가 바빌론 유배에서 돌아온 이후, 기원전 5-4세기의 책이라고 생각한다면, 요나서의 가르침은 에즈라-느헤미야의 노선과 분명한 대조를 이루기 때문입니다.

요나서의 저자는, 당시 이스라엘이 지녔던 폐쇄적인 태도를 넌지시 비판합니다. 니네베에 가지 않으려 하고 하느님께서 니네베를 멸망시키지 않으셨다는 사실에 분개하는 요나라는 인물은 에즈라-느헤미야 시대의 이스라엘을 나타냅니다. 유배에서 돌아온 후, 자신의 민족적 정체성을 확립해야 한다는 절박한 필요 때문에 다른 민족들의 구원에는 눈길을 돌릴 수 없었던 유다 공동체. 유다 왕국은 이미 무너진 지 오래이고, 이제는 오직 신앙을 중심으로 공동체를 세워야 했던 유다인들은 "나는 히브리 사람이오. 나는 바다와 뭍을 만드신 주 하늘의 하느님을 경외하는 사람이오"(1,9)라고 말하던 요나처럼 자신들의 믿음을 강하게 확인해야 했습니다.

그러나 이러한 노력에 몰두한 결과 그들은 자신 안에 갇히게 되었으며, 자신들의 순수성을 보존하기 위하여 배타적이고 국수주의적인 태도를 취했습니다. 에즈라기와 느헤미야기에도 그런 모습이 없지 않습니다. 이방 여인들과 혼인하여 살고 있던 이들에게, 느헤미야는 그들의 아내와 아이들을 내보내게 합니다. 지나친 일이지요. 유배를 겪은 이스라엘은 그만큼 철저히 자신들의 정체성을 보존하려고 했던 것입니다.

요나서의 저자는, 그 시대를 대변하는 주인공 요나를 가르치시는 하느님의 모습을 통하여 자신의 동시대인들을 비판하고 있습니다. 요나를 마구 꾸짖는 것이 아니라 그의 등을 토닥이며, 하느님께서는 너처럼 생각하지 않으신다고 그의 귀에 속삭이는 듯합니다. 하느님 앞에서 흠 없는 삶은 훌륭합니다. 그러나 내가 그렇게 살겠다는 생각 때문에 그렇지 못한 이들은 하느님의 구원을 받을 수 없어야 마땅하다고 생각한다면, 그것은 하느님의 마음을 제대로 알지 못하는 것이라고 일러 줍니다.

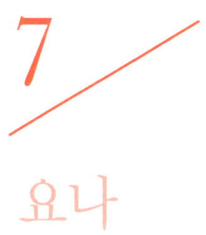

7

요나

"내가 어찌 동정하지 않을 수 있겠느냐?"(요나 4,11)

요나서, 참 재미있는 책입니다. 간단해 보이는 이야기인데 여러 갈래로 해석됩니다. 도서관에 가 보면 예언서들 가운데 요나서에 대한 책이 다양하게 있다는 것이 유난히 눈에 띕니다. 예언서 과목을 강의하다 보면 요나서는 학생들이 줄거리를 알고 있기 때문에 수업하기에 편하지만, 다양한 해석들 가운데 어느 것 하나를 정답으로 제시할 수 없는 어려움이 있습니다.

요나서에 대한 여러 해석 가운데 앞에서는 에즈라-느헤미야 시대를 배경으로 하여 '이방인들의 구원'이라는 측면에서 본 해석을 살펴보았습니다. 요나서는 이스라엘의 국수주의에 맞서 하느님께서 모든 사람의 구원을 바라신다는 것을 알려 주는 책이라고 했습니다. 그러나 요나서를 또 다른 측면에서 해석할 수도 있습니다.

성취되지 않은 예언의 문제

요나서에 대해, 주로 유다교 주석자들은 요나서가 '성취되지 않은 예언'이라는 신학적 문제에 대해 설명하고자 했다고 봅니다. 이러한 해석의 근거로 요나가 예언자로 하느님의 말씀을 선포할 사명을 받았으며(1,1-2), 자신의 예언이 성취되지 않으리라는 것을 알고서 니네베로 가지 않으려 했다는 점 등을 제시합니다(4,2).

이제까지, 예언자를 통해 선포하신 하느님의 말씀은 반드시 성취된다고 믿어 왔습니다. 예레미야에게 하느님은 예루살렘의 멸망을 선포하게 하시면서 "나는 내 말이 이루어지는지 지켜보고 있다"(예레 1,12)고 말씀하셨고, 제2이사야서에서도 하느님은 "내 입에서 나가는 나의 말도 … 반드시 내가 뜻하는 바를 이루며"(이사 55,11)라고 말씀하십니다. "풀은 마르고 꽃은 시들지만 우리 하느님의 말씀은 영원히 서 있으리라"(이사 40,8). 이것이 예언자들의 믿음이었습니다.

그런데 요나서의 경우는 그렇지 않습니다. 하느님의 명으로 요나는 니네베의 멸망을 선포했습니다. 그런데도 하느님은 니네베를 멸망시키지 않으셨습니다. 요나는 바로 이런 일이 일어날 줄 알았기 때문에, 자신이 거짓 예언자처럼 웃음거리가 되고 싶지 않았기 때문에 니네베로 가지 않으려 했습니다(4,2).

이러한 상황을 어떻게 이해해야 할까요? 이 문제에 대해 요나서가 제시하는 대답은 이렇습니다. 하느님께서는 예언의 말씀을 선포하신 후에도 마음을 바꾸실 수 있다는 것입니다. 하느님의 자유는 이미 선포된 예언자의 말에 제한되지 않습니다. 니네베의 이야기에서, 그 설명은 하나밖에 없습니다. "오른쪽과 왼쪽을 가릴 줄도 모르는 사람이 십이만 명이나 있고, 또 수많은 짐승이 있는 이 커다란 성읍 니네베를 내가 어찌 동정하지 않을 수 있겠느냐?"(4,11) 곧 당신 피조물에 대한 하느님의 사랑은 예언이 성취되어야 한다는 원칙보다 더 우위에 있다는 것입니다.

이 해석에 대한 비판도 있습니다. 요나가 아닌 다른 예언자들의 경우에도, 심판과 멸망을 선포하는 것은 그저 앞으로 다가올 일을 예보하는 것이 아니라 회개를 촉구하기 위한 것이라는 점 때문입니다. 그렇게 본다면 니네베가 멸망하지 않앉으니 오히려 요나는 성공했다고 보아야겠지요. 그러나 요나는 그 '성공'을, 니네베의 구원을 기뻐하지 않습니다. 자신이 선포한 말이 그대로 이루어져야 한다는 것을 더 중시했기 때문입니다.

요나의 회개

세 번째 해석은, 요나라는 인물에 초점을 맞추는 것입니다. 신약성경에서 예수님께서는 믿음이 없고 완고한 이들에게 니네베인들의 회개를 본보기로 제시하십니다(루카 11,32). 그러나 요나서에는 또 한 가지 중요한 회개가 있습니다. 그것은 요나의 회개입니다. 나훔 예언자가 "피의 성읍"(나훔 3,1)이라고 불렀던 니네베의 주민들에게 회개를 요구하는 것은 쉽게 이해할 수 있는 반면, 요나에게 요구되는 회개는 이해하기 어렵습니다. 그러나 이 책에서 하느님은 분명 요나에게 마음을 돌이킬 것을 요구하십니다. 사실 요나서에서 니네베 사람들은 잠시 등장하며, 처음부터 끝까지 이야기의 초점은 요나에게 맞춰져 있습니다. 독자가 바라봐야 할 대상은 니네베 사람들이라기보다 요나입니다.

    요나는 이방인들 앞에서 "하느님을 경외하는" 자신의 신앙을 공공연히 고백하지만(1,9), 실제로는 하느님의 명에 순종하지 않고 그분을 피해 멀리 달아납니다. 서쪽에 있는 니네베로 가라고 하시니 동쪽 끝에 있는 타르시스로 가는 배에 오릅니다. 배 밑바닥까지 깊이 내려가, 하느님으로부터 되도록 멀리 피해 숨어 있습니다. 풍랑을 만났을 때 뱃사람들은 자기 신들에게 빌지만 요나는 기도도 하지 않고 잠만 잡니다.

    요나가 하느님을 몰랐을까요? 이론적으로 말한다면 요나는 하느님이 어떤 분이신지 완벽하게 알고 있습니다. 그는 "당신께서 자비하시고 너그러우신 하느님이시며, 분노에 더디시고 자애가 크시며, 벌하시다가도 쉬이 마음을 돌리시는 분이시라는 것을"(4,2) 알고 있습니다. 정확한 신학 지식입니다.

    그러나 요나는 자신이 알고 있는 하느님을 받아들이지 않습니다. 그는, 주님께서 니네베에게 선포하신 재앙을 거두시리라는 것을 미리 알았지만 그런 하느님의 뜻을 원하지 않았기에 니네베로 가려 하지 않았던 것입니다. 1장에서는 그가 하느님의 명을 피하려고 하는 이유가 딱히 나오지 않지만,

4장에서는 "제가 고향에 있을 때에 이미 일이 이렇게 되리라고 말씀드리지 않았습니까? 그래서 저는 서둘러 타르시스로 달아났습니다"(4,2)라고 말합니다. 또 그는 자신이 하느님을 '경외'한다고 말은 했지만, 실제로는 하느님의 명에 순명하지 않고 그분을 피해 멀리 달아납니다. 배를 타고 그분을 피해 멀리 도망갈 수 있기나 한 것처럼 말입니다. 머리로는 정확히 알고 있는 그 하느님을 요나는 하느님으로 모시고 싶어 하지 않습니다.

하느님께서 이스라엘의 원수인 아시리아인들까지도 사랑하신다는 사실을 받아들여야 한다는 것, 아마도 이것이 요나의 마음에 들지 않았을 것입니다. 아시리아의 억압을 받아 온 이스라엘에게, 하느님께서 아시리아를 용서하신다는 것을 받아들이기는 분명 쉽지 않았을 것입니다. 그런 요나에게 요나서는 마지막 질문을 던집니다. "이 커다란 성읍 니네베를 내가 어찌 동정하지 않을 수 있겠느냐?"(4,11) 요나는 그 질문에 어떻게 응답했을까요? 대답이 주어져 있지 않기에 그 질문은 우리 각자를 향합니다.

아주까리

이 세 번째 해석과 관련하여, 저는 요나서의 작은 부분 하나에 좀 더 초점을 맞춰 보고 싶습니다. 요나가 회개하게 되는 과정입니다. 그 열쇠는 아주까리에 있습니다. 하느님은 아주까리를 자라게 하시고, 다시 그 아주까리가 말라 죽게 하시지요. 요나가 아주까리를 아까워하고 니네베 사람들의 구원을 바라지 않는 것을 보고 하느님께서는, "너는 네가 수고하지도 않고 키우지도 않았으며, 하룻밤 사이에 죽어 버린 이 아주까리를 그토록 동정하는구나!"(4,10)라고 말씀하십니다. 요나가 자신이 아무것도 하지 않은 아주까리를 아까워한다면, 하물며 하느님은 어떻게 니네베 사람들을 아까워하지 않으실 수 있겠느냐고 물으시는 것입니다.

아주까리를 돌보시는 하느님의 모습에서 요나는 교훈을 얻습니다. 당신께서 만드신 피조물들을 소중히 여기시는 하느님을 보면서, 니네베 사람들에 대한 사랑을 배웁니다. 지혜서에서는 이렇게 말합니다. "당신께서는 만물을 다스리는 주권을 지니고 계시므로 만물을 소중히 여기십니다. 당신께서는 이렇게 하시어 의인은 인자해야 함을 당신 백성에게 가르치시고…"(지혜 12,16.19). 만물의 주인이신 주님은 강력한 지배나 심판을 통해서가 아니라 아주까리 하나까지 모든 것을 아끼시는 그 자애로 당신의 주권을 드러내십니다. 모든 것이 당신의 것이기에 무엇 하나 쉽게 버리지 않으십니다. 요나는 그런 하느님을 받아들여야 했고 그런 하느님을 본받아야 했습니다.

동쪽에 있는 니네베로 가라는 주님의 말씀에 "주님을 피하여"(1,3) 배를 타고 서쪽의 타르시스로 가는 청개구리 요나의 태도는 남의 모습 같지가 않아서 언제나 가깝게 느껴집니다. 우리 마음 안에도 하느님을 마음에 들어 하지 않는 구석이 있는 모양입니다. 요나서에 대한 여러 갈래 해석은 모두 인간의 논리를 뛰어넘는 하느님의 자비로 귀결되는데, 인간 편에서 하느님을 피하고 싶은 것은 아마 하느님을 나의 틀에 맞추려고 하기 때문일 것입니다.

말라키

"보라, 내가 나의 사자를 보내니"(말라 3,1)

<u>말라키라는 이름의 예언자가 실제로 있었을까요? 이런 질문을 드리면 당황하실 수도 있겠지만, 근래에는 많은 사람이 그렇지 않으리라고 생각합니다.</u>

"나의 사자"(3,1)

'말라키'라는 이름은 "나의 사자使者"라는 뜻입니다. 말라 3,1에서 "보라, 내가 나의 사자를 보내니"라고 할 때에 바로 '말라키'라는 단어가 사용됩니다. 그래서 "말라키를 통하여 이스라엘에 내리신 주님의 말씀"(1,1)이라고 할 때에도, 말라키는 어떤 한 예언자의 이름이 아니라 가명이라고 생각합니다.

말라키서에서는 말라키라는 인물에 대해 한마디도 하지 않습니다. 책에 나타난 사회적·경제적 상황, 그리고 성전에서 제사를 바치고 있다는 언급 등을 근거로 삼아 이 책의 작성 연대는 유배에서 돌아온 후 성전 재건 때로부터 느헤미야 개혁 이전 사이의 시기, 대략 기원전 5세기 전반이었으리라고 추정합니다. 하지만 앞에서 보았던 즈카르야서 끝부분(즈카 9-11장; 12-14장)과 마찬가지로 예언서들을 마무리하려 했던 어떤 편집자가 이 책을 엮었을 가능성도 있습니다.

이 작은 책에서는 경신례와 공동체 내의 사회적 상황 등 안정되지 않았던 귀향 후 이스라엘의 여러 가지 문제를 다루고 있습니다. 그런데 흥미로운 것은 이 책의 구조입니다. 1,1의 머리글과 3,22-24의 후기를 제외하고 보면 말라키서에는 여섯 개의 논쟁이 들어 있습니다(1,2-3,21). 하느님과 이스라엘이 여섯 가지 문제를 놓고 논쟁을 벌이는 것입니다. 그 각각의 논쟁은 거의 일정한 형식으로 되어 있는데, 먼저 예언자 또는 하느님이 한 가지 사실을 이야기하면, 듣는 이들이 이의를 제기하고, 그런 다음 예언자가 처음의 진술을 확인하며 그에 따른 귀결들을 이끌어 냅니다. 예를 들면, 하느님께서 이스라엘에게 "나는 너희를 사랑한다"(1,2)하시면 이스라엘은 '우리를 사랑하기는 뭘 사랑하셨느냐'고 따집니다. 그러고 나면 하느님 편에서 이스라엘에게 베푸신 사랑을 입증해 보이시는 것이지요. 이 논쟁들을 보면, 당시 이스라엘은 하느님께 할 말이 참 많았던 모양입니다.

"하느님을 섬기는 것은 헛된 일이다"(3,14)

책 전체 내용이 일관된 짜임새를 갖추고 있는 것도 아니고 낱개로 된 논쟁이다 보니, 몇 페이지 안 되는 사이에서 여섯 개의 논쟁들을 하나씩 다루다 보면 읽다가 지루하시겠지요. 그래서 말라키서 저자와는 달리 제 나름대로 엮어 보겠습니다.

마지막 논쟁에서(3,13-21) 하느님은 이스라엘에게, "너희는 나에게 무엄한 말을 하였다"(3,13)라고 말씀하십니다. 그러면 이스라엘이, "저희가 당신께 무슨 무례한 말을 하였습니까?"라고 대꾸합니다. 나는 안 그랬다고 시치미를 떼는 것입니다. 그러면 하느님 편에서 증거를 대십니다. "너희는 이렇게 말하였다. '하느님을 섬기는 것은 헛된 일이다. 만군의 주님의 명령을 지킨다고, 그분 앞에서 슬프게 걷는다고 무슨 이득이 있느냐?'"(3,14). 이것은 악한 사람들이 하는 말이 아니라 "주님을 경외하는 이들"(3,16)이 하는 말입니다. 악을 저지르는 자들이 잘 지내고 있고, 하느님을 시험하고도 화를 입지 않고 있으니(3,15) 착하게 살고 하느님 뜻대로 살려고 노력하는 것이 무슨 소용이 있느냐는 것입니다. 같은 질문들이 네 번째 논쟁에서도(2,17-3,5) 나옵니다. 이런 현실을 보면서 이스라엘은, 하느님은 오히려 악한 일을 하는 자를 좋게 보시고 그들을 좋아하신다고 말합니다(2,17). 그들이 잘 지내고 있으니, 공정하신 하느님이란 계시지도 않은 듯합니다.

악인들이 잘 되어가는 세상이라면, 하느님은 선과 악에 대해 갚지 않으신다는 뜻이 됩니다. 아니 어쩌면, 누가 선을 행하고 누가 악을 저지르는지 보고 계시지 않은지도 모를 일입니다. 어떤 이들은 하느님 앞에서 눈속임도 해 봅니다. 다섯째 논쟁에서는(3,6-12) 십일조와 예물을 제대로 바치지 않는 이들에게, 그들이 하느님을 약탈하고 있다고 말합니다. 한두 명도 아니라 "온 백성이"(3,9) 그렇게 하고 있다고 하지요.

백성이 예물을 잘 바치지 않는다면 사제들은 잘하고 있을까요? 전혀 아닙니다. 두 번째 논쟁에서는(1,6-2,9) 사제들을 고발합니다. 그들은 눈먼 짐승과 절름거리거나 병든 짐승을 제물로 바치면서, "주님의 제사상이야 아무려면 어떠냐?"(1,7)라고 말합니다. 훔친 짐승을 바치기까지 합니다(1,13). 아버지이며 주인이신(1,6) 하느님을 공경하는 마음이 없기 때문입니다. 과거의 예언자들이 정의를 실천하지 않으면서 행하는 경신례를 거부했던 것과 달리 말라키는 경신례 자체에 대하여 정성이 부족한 것을 비판하는 것인데, 언제나 그 핵심은 주님의 이름을 업신여긴다는 데에 있습니다. 하느님께서는 그런 사제들이 바치는 제물을 받지 않겠다고 선언하십니다. 성전 문을 닫아걸었으면 좋겠다고 하십니다(1,10).

그것으로 끝이 아닙니다. 말라키서에서 사제들에 대한 고발은 상당히 깁니다. 그들은 경신례를 소홀히할 뿐만 아니라, 율법도 제대로 가르치지 않고 있습니다. 사제들이 진리의 법을 가르치고 사람들을 악에서 돌아서게 해야 할 터인데, 그들은 오히려 길에서 벗어나 다른 이들을 넘어지게 하고 있습니다(2,6-9).

이스라엘은 마치 하느님께서 보지도 듣지도 않으시고 자기들이 속임수를 쓰는 대로 그대로 넘어가시는 듯이 생각합니다. 이유가 무엇일까요? 한 마디로 말하면, 악인들이 망하지도 않고 잘 지내고 있기 때문입니다.

"화덕처럼 불붙는 날이 온다"(3,19)

이제 하느님께서 대답하십니다. 다 보고 계시며 반드시 갚아주시리라고 말씀하십니다. 말라키서의 대답의 핵심은 종말론입니다. 유배에서 돌아온 다음 시간이 지날수록 예언자들에게서 종말론이 점점 큰 비중을 차지하게 되지요. 말라키서는 그 마지막 단계입니다.

사람들이 볼 때에는 선을 행하는 이들이나 악을 행하는 이들이나 아무 차이가 없이 그냥 살고 있는 것처럼 보이지만, 하느님께서는 분명히 "의인과 악인을 가리고 하느님을 섬기는 이와 섬기지 않는 자를 가릴"(3,18) 날이 있으리라고 말씀하십니다. 하느님을 경외하는 이들의 이름은 "비망록에"(3,16) 기록되어 있습니다. 이 비망록은 다니엘서나 묵시록에서 말하는 생명의 책과 같은 것으로서, 사람들의 행실이 기록되어 있어 그 책에 따라 심판이 이루어지게 됩니다. 그 심판의 날은 반드시 올 것입니다.

그 심판의 때에 하느님께서 보내실 사자는(3,1) 먼저 레위의 자손들 곧 사제들을 정화하실 것이고, 그들이 올바로 사제직을 행함으로써 유다와 예루살렘은 주님의 마음에 드는 경신례를 바칠 수 있게 될 것입니다. "화덕처럼 불붙는"(3,19) 심판의 때에 악인들은 그 날을 견디지 못하고 흔적도 없이 사라질 것입니다. 여기에서 심판의 대상은 주술, 간음, 거짓 맹세, 가난한 이에 대한 착취와 억압, 그리고 주님을 경외하지 않는 것입니다. 그러나 하느님을 경외하는 이들은 하느님께서 분명 아껴 주실 것이며(3,17) 그들에게는 의로움의 태양이 떠오를 것입니다(3,20).

말라키서의 논쟁들에서는 다른 내용들도 다루지만, 가장 특징적으로 나타나는 주제는 종말론적 전망입니다. 귀향 후의 다른 예언자들에 뒤이어 말라키는 "그날"에 의인과 악인을 구분하는 심판이 있으리라는 것을 말하며 그러한 시각 안에서 현재의 상황을 바라보도록 촉구합니다. 특히 "악을 저지르는 자들이 번성한다"(3,15)는 현실은 현세적인 인과응보의 원칙으로는 설명할 수 없는 문제였고 지혜문학의 중요한 주제들 가운데 하나였는데(시편 37; 73 등), 이에 대하여 말라키가 제시하는 응답은 종말론적 심판이었습니다. 실의에 빠져 있는 의인들에게 말라키는 하느님을 공경하고 선하게 사는 것이 헛된 일이 아니라는 것을, 하느님께서는 인간의 모든 행위들이 소중하고 의미가 있다는 것을 말해 줍니다. 하느님은 인간의 거짓에 속지 않으십니다. 하느님은 당신을 섬기는 마음으로 우리가 행하는 작은 일들의 무게를 잘 아십니다.

> 구약성경의 지혜문학 가운데, 잠언은 현세의 인과응보를 강조합니다. 그러나 욥기와 코헬렛은 세상 안에서 그러한 갚음이 이루어지지 않는 데 대하여 의문을 제기하고, 마지막 단계인 지혜서는 내세에서 이루어지는 갚음을 약속합니다. 말라키서보다도 늦은 시기에 작성된 지혜서 5장은, 의인과 악인에 대한 심판 장면을 묘사합니다.

말라키

"모세의 율법을 기억하여라"(말라 3,22)

기차역에서 어떤 분이 전화로 이렇게 말하는 것을 들었습니다. "연막탄을 쏘아야 하는데 조명탄을 쏘았어. 조명탄이 온통 다 터진 걸 생각해 봐." 저는 연막탄도 조명탄도 본 일이 없어 정확히 상상은 안 되지만, 그 말을 들으며 혼자 웃었습니다. 전투에서 연막탄을 쏘아 어둡게 덮으려고 했는데 조명탄이 터져 모든 걸 훤히 드러내고 말았다면 어떻게 될까요? 말라 3,22-24은 우리에게 예언서 전체를, 또는 구약성경 전체를 뒤에서 비추어 주는 조명탄과 같다고 보면 좋을 것입니다. 이 말씀을 통해 구약성경은, 장차 오실 분을 기다리는 책이 됩니다. 말라 3,22-24은 한 마디씩 새겨 보아야 할 부분입니다. 이론적으로 무게기 있는 부분들이 많아 좀 딱딱하겠지만 잘 곱씹어 보시기 바랍니다.

"나의 종 모세의 율법을 기억하여라"(3,22)

"너희는 나의 종 모세의 율법을 기억하여라"(3,22). 이 말씀은 단순히 3장짜리 말라키서를 끝맺는 말씀이 아니라 예언서 전체를 끝맺는 말씀이면서, 예언서와 율법의 관계를 보여 주는 말씀입니다.

히브리 성경은 지금 우리가 가지고 있는 성경과 차례도 다르고 책들을 구분하는 방법도 달라서 그 전체가 토라, 예언서, 성문서의 세 부분으로 구성됩니다. 신명 34장에서 모세의 죽음으로 토라가 끝난 다음, 바로 이어지는 여호수아기로 예언서가 시작됩니다. 히브리 성경에서는 역사서라는 구분이 없고 우리가 역사서로 분류하는 여호수아기, 판관기, 사무엘기, 열왕기가 전기 예언서로 분류되기 때문입니다.

그런데 그 예언서를 시작하는 첫머리에서는 모세의 뒤를 이어 통수권을 받는 여호수아에게 하느님께서 하시는 말씀이 있습니다. 하느님께서는 여호수아가 당신께서 이스라엘에게 주기로 맹세하신 땅을 정복하여 백성에게 나누어 주어야 한다는 것을 일깨우며 "오직 너는 더욱더 힘과 용기를 내어, 나의 종 모세가 너에게 명령한 모든 율법을 명심하여 실천하고, 오른쪽으로도 왼쪽으로도 벗어나서는 안 된다"(여호 1,7)라고 말합니다. 그 율법을 밤낮으로 되뇌어 명심하고 실천해야 한다고 말합니다(여호 1,8). 이 구절이 토라와 예언서를 연결해 줍니다.

여호수아기가 왜 예언서로 분류될까요? 히브리 성경의 분류법에서 말하는 예언자들은, 모세의 전통을 이어가는 이들이기 때문입니다. 모세의 후계자인 여호수아는 영토를 정복하고 분배해야 한다는 측면에서도 모세의 뒤를 이어 모세가 못다 이룬 일을 이루어야 하지만, 그 일에 성공하기 위해서 필요한 것은 율법을 묵상하고 실천하는 것이었습니다(여호 1,8). 이스라엘이 자신의 역사 안에서 모세의 율법을 따라 살도록 깨우치는 것, 이것이 여호수아 이후로 이어지는 예언자들의 역할이었습니다.

이제 이러한 권고로 시작된 전기 예언서 4권(여호수아기, 판관기, 사무엘기, 열왕기)과 후기 예언서 4권(이사야서, 예레미야서, 에제키엘서, 열두 소예언서)을 모두 끝마치면서 말라 3,22에서는 다시 모세의 율법을 기억하라고 말합니다. 이렇게 예언서의 시작과 끝에서 모세의 율법을 기억하라는 권고가 나온다는 것을 볼 때, 예언서 전체가 할 일은 다름 아닌 그 모세의 율법을 기억하도록 하는 것이었음을 알 수 있습니다.

> 히브리 성경에서 예언서 다음에는 성문서가 오는데, 욥기가 아닌 시편이 그 첫머리에 있습니다. 그런데 시편 1,2에서는 다시 "주님의 가르침(토라)을 좋아하고 그분의 가르침을 밤낮으로 되새기는 사람"이 행복하다고 말하면서, 모세의 율법을 묵상할 것을 권고합니다. 이렇게 해서 구약성경의 세 부분 모두가 모세의 율법에 연결됩니다.

"내가 모세에게 내린"(3,22)

그런데 그 '모세의 율법'은 모세라는 한 인간이 자신의 뜻대로 만들어서 공포한 법률이 아니라 하느님께서 "호렙산에서 온 이스라엘을 위하여"(3,22) 모세에게 내리신 것입니다. 구약성경에서 흔히 모세의 율법이라는 표현이 사용된다 해도, 근본적으로 율법은 하느님으로부터 온 것입니다.

각별히 여기서 '규정과 법규'라는 표현은 신명기에서 특징적으로 사용되는 것이어서(신명 5,1; 11,32; 12,1; 26,16) 눈길을 끕니다. 이 표현 때문에 말라키서에서 말하는 율법이 특히 신명기 법전의 내용을 지칭한다고 보기도 하지만, 그보다는 성경의 큰 틀을 짜는 데에서 신명기계가 미친 영향으로 보아야 하지 않을까 싶습니다.

"보라, 주님의 크고 두려운 날이 오기 전에"(3,23)

이 구절도 특별합니다. 말라키서에서는 종말론이 큰 주제로 떠올랐습니다. 예언서들이 처음부터 종말론에 큰 관심을 보였던 것은 아니었고 더구나 전기 예언서의 경우 그러한 차원은 거의 나타나지 않습니다. 하지만 예언서들의 모음이 완성되던 시기 말라키서의 저자는, 특히 이 끝부분을 쓴 사람은 예언자들이 모세의 율법을 상기시키는 것이 주님께서 오시는 날을 준비하는 의미를 갖는다고 말해 줍니다. 예언자들은,

종말에 이르기까지 이스라엘과 함께하면서 그들이 모세의 토라를 따라 살도록 이끌어 줌으로써 이스라엘로 하여금 오시는 주님을 맞을 수 있게 준비시켜 줍니다.

예언자들 가운데서도 엘리야가 그 마지막 순간에 이스라엘을 준비시키기 위해 보내질 것이라고 합니다. 엘리야는 예언자들의 대표입니다. 예수님의 거룩한 변모 때에 나타난 모세와 엘리야는(루카 9,30) 각각 율법과 예언서를 나타냅니다. 어떤 이들은 엘리야가 탁월한 의미에서 모세의 제자라고 말합니다. 카르멜산에서의 대결이 있은 다음, 엘리야는 하느님의 산 호렙에서 하느님의 음성을 듣습니다(1열왕 19,8-18 참조). 호렙 산은 모세가 하느님을 처음 만났던 시나이산입니다. 온 이스라엘이 하느님의 계약을 저버리고 있었을 때(1열왕 19,14) 하느님을 향한 열정에 불탔던 엘리야는 그 호렙산에서 하느님을 만났습니다. 엘리야는 모세의 율법을 버리고 하느님께 등을 돌린 이스라엘을 돌아오게 하려 했습니다. 또한 그는 불 병거를 타고 하늘로 올라갔다고 전해지지요(2열왕 2,11). 엘리야는 죽지 않았기에, 언젠가 다시 올 것이었습니다. 말라키서에서는 그 엘리야가 다시 와서 주님의 날이 파멸의 날이 되지 않도록 하리라고 말합니다. 예언자들에게 귀를 기울인다면 주님의 날은 멸망의 날이 되지 않을 것입니다.

"엘리야는 이미 왔지만"(마태 17,12)

그리스도교의 성경은 히브리 성경과 책들의 배열 순서가 달라지면서 예언서가 구약의 마지막 위치에 놓이게 됩니다. 히브리 성경에서 예언자들이 모세의 전통을 이어가는 역할을 했다면, 그리스도교 성경에서 예언서들은 신약을 준비하는 책이 됩니다. 미래를 향하여 열려 있는 책들인 예언서들은 신약성경에서 완성에 이릅니다.

이렇게 될 때에 말라 3,22-24은 구약성경 전체를 끝맺는 중요한 자리를 차지하게 되며, 신약성경으로 넘어가는 문턱이 됩니다. 신약성경에서는 이 구절을 여러 차례 인용하며(마태 17,10-13; 마르 9,11-12; 루카 1,17) 이것이 세례자 요한에 대해 말하고 있는 것으로 해석합니다. 율법학자들은 예수님께서 메시아시라면 예수님보다 앞서 엘리야가 왔어야 한다고 믿습니다. 그 근거가 바로 말라키서입니다. 제자들도 그러한 주장을 부인할 수 없기에 예수님께 묻습니다. 예수님께서는 엘리야가 이미 왔다고 말씀하시고, 제자들은 그 말씀이 세례자 요한을 두고 하신 말씀인 줄을 알아듣습니다.

신약성경은 세례자 요한이 말라 3,23에 언급된 엘리야라고 봄으로써 구약성경과 연결됩니다. 이로써 세례자 요한이 오실 길을 준비했던 분이신 예수 그리스도가 구약에서 기다리던 바로 그분이 되는 것입니다. 예수님 시대 유다인들에게는 아직 신약성경이 없었습니다. 그들이 성경으로 인정하고 있던 것은 구약성경이었습니다. 신약성경의 책들이 비로소 생겨나던 시기에, 복음서들은 주님의 날이 오기 전에 엘리야가 오리라고 예고했던 구약성경의 권위로 예수 그리스도께서 하느님의 약속을 성취하신 분임을 확증해 줍니다.

이제 예언서의 마지막 페이지를 덮을 때가 되어 이야기가 마무리될 것으로 생각했다 하더라도, 말라키서의 이 마지막 세 구절이 구약성경의 마지막을 활짝 열어 놓습니다. 그리고 주님께서는 이미 오셨지만 다시 오실 것이기 때문에, 우리의 예언서들은 지금도 기다림을 준비하는 책으로 남아 있습니다. 주님께서 영광스럽게 다시 오실 때까지, 예언서들은 우리에게 그 날을 맞을 수 있게 마음을 돌이켜 하느님의 말씀에 귀를 기울이라고 일깨웁니다.

"이로써 우리에게는 예언자들의 말씀이 더욱 확실해졌습니다. 여러분의 마음속에서 날이 밝아 오고 샛별이 떠오를 때까지, 어둠 속에서 비치는 불빛을 바라보듯이 그 말씀에 주의를 기울이는 것이 좋습니다"(2베드 1,19).

열두 소예언서 한 권으로 읽기

서울대교구 인가: 2018년 11월 21일
초판 1쇄 펴낸날: 2019년 2월 28일
3쇄 펴낸날: 2024년 7월 10일
지은이: 안소근
펴낸이: 나현오
펴낸곳: 성서와함께
06910 서울특별시 동작구 흑석로13길 7
Tel: (02) 822-0125~7/ Fax: (02) 822-0128
http://www.withbible.com
e-mail: order@withbible.com
등록번호 14-44(1987년 11월 25일)

ⓒ 2019 안소근
성경 ⓒ 한국천주교중앙협의회

ISBN 978-89-7635-341-2 93230

* 이 책에 실린 내용은 펴낸이의 허가 없이 전재 및 복제할 수 없습니다.